# LAS CLAVES DEL PENSAMIENTO POSITIVO

# NAPOLEÓN HILL
## MICHAEL J. RITT. JR.

Autor del *bestseller Piense y hágase rico*
con más de 100 millones
de copias vendidas

# LAS CLAVES DEL PENSAMIENTO POSITIVO

Diez pasos para conseguir
más salud, abundancia y éxito

TALLER DEL ÉXITO

## Las claves del pensamiento positivo

Copyright © 2021 - The Napoleon Hill Foundation

Título en inglés: Napoleon Hill's Keys to Positive Thinking
Traducción: © Taller del Éxito Inc.

Reservados todos los derechos. Ninguna parte de esta publicación puede ser reproducida, distribuida o transmitida, por ninguna forma o medio, incluyendo: fotocopiado, grabación o cualquier otro método electrónico o mecánico, sin la autorización previa por escrito del autor o editor, excepto en el caso de breves reseñas utilizadas en críticas literarias y ciertos usos no comerciales dispuestos por la ley de derechos de autor.

Editorial Taller del Éxito
1669 NW 144th Terrace, Suite 210
Sunrise, Florida 33323, U.S.A.
www.tallerdelexito.com

Editorial dedicada a la difusión de libros y audiolibros de desarrollo y crecimiento personal, liderazgo y motivación.

Diagramación y diseño de carátula: Joanna Blandon
Director de arte: Diego Cruz

ISBN: 9781607387794

25  26  27  28  29  R|GIN  20  19  18  17  16

# CONTENIDO

Reconocimientos ................................................ 9

Introducción..................................................... 11

¿Qué hará la AMP
(Actitud mental positiva) por ti? ....................... 13

<u>Primer paso:</u>
Hazte cargo de tu mente
con total convicción............................................ 29

<u>Segundo paso:</u>
Mantén tu mente en las cosas que
deseas y lejos de las que no deseas ...................... 41

<u>Tercer paso:</u>
Vive la Regla de Oro........................................... 57

<u>Cuarto paso:</u>
Elimina todos los pensamientos
negativos por medio de la autoinspección .......... 69

Quinto paso:
¡Se feliz! ¡Haz felices a otros!............................... 79

Sexto paso:
Crea el hábito de la tolerancia........................... 91

Séptimo paso:
Hazte sugerencias positivas ............................. 103

Octavo paso:
Usa el poder de la oración................................. 115

Noveno paso:
Traza metas...................................................... 129

Décimo paso:
Estudia, piensa, y planea a diario ..................... 141

Un hombre que pone en práctica
la AMP todos los días ........................................ 151

Epílogo
Ahora, ¿hacia dónde te diriges? ....................... 185

# RECONOCIMIENTOS

En una carta dirigida al científico inglés Robert Hooke, Sir Isaac Newton escribió: "Si he visto más allá (que Hooke y Descartes), ha sido porque he estado parado sobre hombros de gigantes". Ese es mi caso. Si presumo de hablarte sobre principios y prácticas que pueden cambiar tu vida, es porque mi propia vida ha sido alterada por gigantes que me han permitido observar el mundo sentado sobre sus hombros.

Primeramente me refiero al doctor William James, el psicólogo y filósofo. Aunque no conocí al hombre, fue él quien proveyó un firme fundamento teórico para la construcción de la actitud mental positiva (AMP). Segundo, te presento a Napoleon Hill, ese extraordinario explorador de los secretos del éxito, quien fue el primero en cuantificar los principios de la AMP y en revelar sus hallazgos en libros de autoayuda. Conocí y trabajé con Napoleón Hill por casi veinte valiosos años. Y tercero, reconozco mi deuda con W. Clement Stone, gigante de gigantes, quien ha luchado incansablemente para enseñar a otros lo que él mismo ha puesto en práctica de forma tan exitosa: el asombroso poder de una actitud mental positiva.

—Michael J. Ritt

# INTRODUCCIÓN

Puedes cambiar tu vida con este pequeño libro. Tiene la clave para tu éxito: La AMP, (Actitud mental positiva). Vas a alcanzar la AMP y materializar tus sueños cuando sigas los principios que esta guía describe paso a paso, de manera sencilla y clara.

## Un vistazo de la tierra prometida

En la Biblia encontramos que justo antes que Moisés llegara al final de su vida, Dios lo llevó a la cima del monte Nebo y le mostró al gran líder la tierra que pertenecería a los israelitas. Antes que inicies este peregrinaje rumbo a tomar el control de tu vida, tú también mereces un vistazo del sitio hacia donde te diriges. Estás llegando al final de una vieja manera de vivir y próximo a embarcarte en un nuevo comienzo. A partir de ahora, estarás desechando viejas, negativas y desgastantes formas de ver el mundo, para remplazarlas con la vida irresistiblemente estimulante que surge junto con la actitud mental positiva. Lleva contigo esta imagen de esperanza de lo que la AMP puede hacer por ti. A partir de hoy imagina que:

- Reconocerás que tienes un poder innovador interno dado por Dios.

- Desarrollarás el control sobre tus emociones para aprender a dirigir siempre su poder innovador para tu beneficio.

- Eliminarás todas las actitudes negativas que han resultado de tu ineficaz reacción a experiencias pasadas.

- Superarás tus temores, entendiendo que tienen una influencia destructiva sobre tu capacidad innovadora, si les permites dominar tu mente.

- Imaginarás que sólo te suceden cosas buenas para que ese poder innovador se exprese únicamente dentro de un marco bueno y positivo.

- Dejarás de meditar en tus tragedias y fracasos del pasado para evitar que se repitan en tu vida.

- Dirigirás tus sentimientos y deseos más fuertes hacia las cosas que realmente quieres.

- Nunca utilizarás intencionalmente el poder innovador de la AMP para propósitos egoístas o malvados, entendiendo que el uso indebido del mismo puede hacer que te destruya a ti y a todo lo que valoras.

Alcanzar estos beneficios (que son tu derecho fundamental como ser humano) será tu meta a partir de hoy. Nada puede detenerte, y el único recurso que necesitas es tu propio compromiso con hacer que sucedan.

# ¿Qué hará la AMP (Actitud mental positiva) por ti?

La actitud mental positiva te permite edificar sobre la esperanza y superar el desespero y el desánimo. Al desarrollarla, encontrarás que tu estado mental es consistentemente íntegro, saludable y productivo en tus reacciones hacia otras personas y en la elección de las acciones que te llevarán a todas las cosas valiosas que quieres en tu vida. No es de sorprenderte que la AMP sea llamada la filosofía de "YO PUEDO - Y LO HARÉ".

Cuando tienes una AMP, estás feliz contigo mismo, y con otros. Tendrás ese aire interior, esa luz interior, es sentimiento interior, que te permiten tener autorespeto y sentimientos beneficiosos.

Atraerás buena voluntad y circunstancias y repelerás las negativas.

Los efectos de la AMP son automáticos, pero alcanzarla no lo es pues se requiere un proceso continuo de aplicación.

No es algo para usar según tu conveniencia. Es una parte esencial de tu manera de vivir. La AMP debe convertirse en un hábito, tan arraigado en ti, que siempre lo demuestres. Con la frecuente aplicación práctica de la AMP, lograrás ejercitarla de manera inconsciente, así como apuntas un botón de tu camisa o te atas los zapatos. Debe y puede ser tan natural como respirar. Como una señal de tránsito en el norte del estado de Nueva York decía: "Elija cuidadosamente su ruta, estará en ella durante las siguientes diez millas".

### Nada tiene tanto éxito como el éxito...

- ¿Con quién preferirías pasar tu tiempo?
- ¿Con alguien que es pesimista, desconfiado, hosco, y siempre tiene la seguridad de que la única nube en el cielo anuncia un huracán?
- ¿Con alguien optimista, seguro de sí mismo, sociable y que siempre sabe enfrentarse a un problema, encontrar la solución y maximizar los beneficios?
- Entenderás entonces por qué la AMP te permite ganar la amistad y la cooperación de otras personas, para superar cualquier obstáculo, y para convertir los problemas en oportunidades.

Todos somos gobernados por nuestros propios hábitos. El que tus hábitos y sus efectos sean positivos o negativos, depende de tus elecciones. Puedes elegir no permitir que tu mente sea dominada por pensamientos negativos. Puedes tomar una decisión consciente para reemplazar las ideas e impulsos negativos con positivos cuando éstos se presenten.

## LAS CLAVES DEL PENSAMIENTO POSITIVO

Los hábitos positivos influirán automáticamente para que tu mente esté más alerta, tu imaginación sea más activa, tu entusiasmo crezca y tu fuerza de voluntad aumente.

La AMP atrae sus beneficios como un imán atrae limaduras de hierro. La AMP atraerá personas, éxito y fortuna hacia ti. Una perspectiva optimista es irresistible. La AMP te sirve como escudo y te protege de las dudas y la desesperanza. Cuando la adversidad llega a tu vida, y de hecho nos visita a todos, estarás protegido contra el desespero y evitarás que las circunstancias te agobien. De hecho, la AMP te permite ver cualquier situación con más claridad para que puedas convertir la adversidad en un éxito en potencia al aprender de ésta y usar ese conocimiento para tu beneficio.

La AMP es la respuesta correcta a cualquier estímulo de tus sentidos. Con la AMP bajo tu control, piensas, actúas o reaccionas ante cualquier persona o circunstancia de la manera correcta. Tu mente y tu vida son tuyas para que hagas con ellas lo que consideres apropiado.

La AMP te enseña a pensar y a actuar de manera constructiva. Puedes usar la AMP para hacer que tus deseos y anhelos se hagan realidad. Cuando aprendes a sacarle el mejor provecho a lo que tienes, aprendes a aprovechar la oportunidad donde todos ven sólo un problema. Puedes poner en práctica la filosofía de Benjamin Disraeli, el gran Primer Ministro británico: "No somos criaturas de circunstancias, somos creadores de circunstancias".

Una manera de entrenarte para proceder con AMP es seleccionando un automotivador, una palabra o frase significativa que te recuerde tu compromiso a tener una AMP y con alcanzar las metas que estás persiguiendo. Al traerlo a la memoria con frecuencia, especialmente cuando te encuentras enfrentando una situación en la que la AMP es especialmente necesaria, fortaleces tu decisión de actuar de la manera más apropiada posible.

### Cómo elegir un automotivador

Necesitas un automotivador que refuerce los aspectos claves de la AMP en tu vida. Si sabes que tienes una actitud especial que quieres superar, ajusta tu automotivador para enfrentarla. Como tu automotivador se convertirá en parte integral de tu vida, elige uno que refleje tus convicciones más nobles. De esta manera siempre las recordarás y estarás inspirado para actuar conforme a ellas. Tu meta es llegar a ser una persona congruente, haciendo que quien dices ser y quien realmente eres, sean la misma persona. Las siguientes son algunas sugerencias:

- Haz a los demás lo que quisieras que hicieran contigo.
- Me siento saludable, me siento feliz, me siento muy bien.
- ¡Hazlo ahora!
- Logro lo que pienso y creo.
- Cada problema tiene la semilla para su solución.
- "Cómo" en lugar de "En caso de..."
- La victoria se obtiene en pulgadas, no en millas.
- Puedo. Lo haré.

Repite tu automotivador en voz alta muchas veces durante el día. Dilo con sentimiento y emoción cincuenta veces antes de acostarte. Escríbelo en una nota y ponla donde la veas: en el espejo del baño, en el tablero de tu auto, en el calendario de tu escritorio, en la puerta del refrigerador, en tu cartera. Entre más lo repitas, los valores que tu automotivador expresa serán cada vez más un hábito.

## Alguien que alimentó la AMP

Muchas personas han contribuido al desarrollo y perfeccionamiento del concepto de la AMP. William James (1842-1910), un graduado de la Escuela de Medicina de Harvard, que permaneció en la universidad para enseñar Anatomía, Fisiología, Psicología y Filosofía, ayudó a desarrollar un sistema de pensamiento llamado Pragmatismo. Según las ideas del Pragmatismo, los resultados son lo que cuenta. El pensamiento es una guía para la acción. Si un pensamiento no genera acciones prácticas, no es útil. James escribió: "No temas a la vida. Cree que vale la pena vivirla, y tu creencia generará la realidad".

Los contemporáneos de James respetaban sus teorías y atrajo a muchos seguidores. Estaba convencido de que la vida es una batalla entre el pesimismo y el optimismo. James se oponía vehementemente al pensamiento negativo. "Éste llena de fracaso y duda a las personas", decía. El universo, según James, está lleno de posibilidades. Las personas podrían mejorarse enormemente a sí mismas si simplemente abrieran sus ojos y buscaran el poder mental que tienen en su interior. James creía que cada uno de nosotros decide cómo será nuestro futuro y que "la mayoría de las veces nos convertimos en lo que pensamos. La gran revolución en nuestra generación es descubrir que los seres humanos, al cambiar las actitudes interiores de su mente, logran cambiar el aspecto exterior de su vida".

Napoleon Hill (1883-1970) fue alguien más que llevó la batuta de la AMP. Hill hizo que el trabajo de toda su vida fuera entrevistar a personas inmensamente exitosas, obteniendo como resultado de este estudio, diecisiete principios que fueron la primera filosofía práctica del éxito personal. Hill enumeró estos principios en varios libros, incluyendo *Leyes del éxito (The Law of Success), Piense y hágase rico (Think and Grow Rich)*, y muchos otros libros de autoayuda. Hill siempre encontró que los hombres que estudiaba, compartían una actitud mental positiva. Escribió acerca de uno de ellos: "Andrew Carnegie tenía una obsesión. Creía que valía la pena trabajar por todo lo que es importante tener en la vida: 'Creo que vale la pena pagar por todo aquello que vale la pena trabajar y poseer'".

Willy White, medallista de plata en los olímpicos, también cree lo mismo. Ella es la motivadora detrás del programa deportivo para niñas, Chicago's Robert Taylor Homes. El programa ofrece a 2.500 niñas que viven en el complejo de vivienda social del sur de Chicago una forma de mejorar su autoestima por medio del deporte. Cuando las niñas le preguntan a White cómo pueden salir de las garras de lo que significa crecer en la vivienda social, ella les dice: "Hay formas. Pero yo te pregunto: ¿qué precio estás dispuesta a pagar por tus sueños? ¡Un sueño sin un plan es sólo un deseo!" (Su automotivador: ¡CRÉELO, ALCÁNZALO!)

W. Clement Stone, un hombre con quien trabajé durante aproximadamente cincuenta años, un sobresaliente autor contemporáneo que acumuló y compartió su gran fortuna al usar y dominar con maestría estos principios, hizo un abismal descubrimiento mientras escribía (junto a Napoleon Hill) el libro *Actitud mental positiva (Success Through a Positive Mental Attitude)*. La esencia de este descubrimiento es esta: los principios básicos del éxito son efectivos para alcanzar metas que valen la pena, sólo en la medida que éstas se refuercen y recarguen constantemente por medio de una actitud mental positiva.

Ese principio se convirtió en la piedra angular de la filosofía de Stone y el tema que unificó sus escritos. El escenario estaba puesto y la AMP dominaba el centro de atención. Como te mostrarán los ejemplos a lo largo de este libro, la AMP sigue siendo el sello de cada persona que ha logrado el éxito duradero.

## ¿Qué es AMP?

AMP significa actitud mental positiva, pero es más que sólo una perspectiva optimista de la vida. Cuando la entiendas a fondo y la apliques correctamente, verás que de hecho es un proceso de cuatro fases que consiste en:

1. Una manera de pensar honesta y equilibrada.
2. Una consciencia exitosa.
3. Una filosofía de vida global.
4. La habilidad de proceder con las acciones y reacciones correctas.

Napoleon Hill definió la actitud mental positiva así: "Es un estado mental seguro, honesto y constructivo que una persona crea y conserva con métodos de su elección, por medio del uso de su propia fuerza de voluntad, basado en sus propias motivaciones adaptadas".

W. Clement Stone añadió: "Una actitud mental positiva es el pensamiento, la acción o reacción correctos ante una determinada situación o serie de circunstancias —por ejemplo, pensamientos, acciones y reacciones—, que no violan las leyes de Dios o los derechos del prójimo por parte de quien tiene una AMP".

Stone lo explica con más detalle: "Eres el producto de tu herencia, entorno, cuerpo, mente consciente y subconsciente, posición particular y dirección en tiempo y espacio, y algo más, incluyendo poderes conocidos y desconocidos. Cuando piensas con una AMP, tienes la capacidad para afectar, usar, controlar, armonizar o neutralizar cualquiera o todos esos factores. Diriges tus pensamientos, controlas tus emociones y dictas tu destino. Eres una mente con un cuerpo".

¿Entonces qué es la AMP? Examina el significado de las tres palabras que forman el concepto de actitud mental positiva:

ACTITUD. La AMP depende de las actitudes correctas, las cuales son sentimientos o estados de ánimo. La actitud se relaciona con tus sentimientos básicos hacia ti mismo, otra persona, una situación, circunstancia u objeto.

MENTAL. La AMP es un poder de tu mente y no de tu cuerpo. Recuerda, "eres una mente con un cuerpo". Tu control está encarnado en tu mente.

POSITIVA. La AMP es una fuerza o poder asociado con características positivas como honestidad, fe, amor, integridad, esperanza, optimismo, valor, iniciativa, generosidad, diligencia, amabilidad y buen sentido común.

Las tres iniciales combinadas -AMP- son la sigla de la expresión actitud mental positiva, el pegante que une todas tus características positivas, la fuente de poder que te capacita para ser una persona dotada para lograr cualquier cosa o todo lo que desee mientras que no viole las leyes de Dios o infrinja los derechos de otros. Dicho de manera simple, la actitud mental positiva es el marco mental correcto que inevitablemente lleva a acciones y reacciones correctas.

La AMP es el estabilizador que tú y yo necesitamos para enfrentar cualquiera de las tormentas de la vida. En un barco, el estabilizador es algo como un amortiguador, una especie de giroscopio que mantiene estables las embarcaciones en medio del mar agitado. Recuerdo un viaje en medio de un mar agitado, pero gracias al estabilizador del barco, el viaje fue más placentero y nada incómodo. En un viaje similar hace muchos años, el barco no tenía estabilizador y el viaje fue agitado, verdaderamente agitado. Pero cualquier estabilizador, sea un giroscopio o cualquier otro, es inútil si no se utiliza.

Y así también sucede con la AMP. Debe desarrollarse y utilizarse. Las personas que no desarrollan una actitud mental positiva hacia la vida y el trabajo se vuelven infelices. Incluso algunos desarrollan enfermedades psicosomáticas, o tienen crisis nerviosas porque cualquier turbulencia en su vida les abruma. Además, cada uno de ellos le trae desdicha a sus compañeros de trabajo y seres queridos.

Al desarrollar pensamientos positivos y eliminar los negativos, usas un estabilizador natural y efectivo que es mucho mejor que cualquier giroscopio mecánico. Tienes el poder para dirigir tus pensamientos, controlar tus emociones y de esta forma dictar tu destino.

## Cómo hacerlo: AMP, el método de diez pasos

Lo que aprenderás aquí es una fórmula sencilla de diez pasos para desarrollar y conservar una actitud mental positiva. No te enseñaran simplemente la AMP, te animarán a ponerla en práctica, y así será parte de tu vida. Un proverbio chino respecto al aprendizaje dice: "Escucho y olvido. Veo y recuerdo. Hago y entiendo".

Estos diez pasos para desarrollar y conservar una AMP requieren más que sólo escuchar y ver, ¡requieren que actúes! Si haces lo que se describe aquí, la AMP será tuya. Todos ellos están intrínsecamente entretejidos y cada paso fortalece a los otros. Sólo piensa, toda la literatura inglesa está compuesta por veintiséis letras. Toda la música está compuesta por sólo doce notas, todos los colores están compuestos por sólo los tres colores primarios. ¡Sólo piensa! Demasiado a partir de muy poco. Si se eliminara una letra de la escritura, ¿qué sucedería? ¿Qué tal si, por ejemplo, eliminaras la vocal "a" de este libro? Si tan sólo una nota se eliminara en todo un concierto, en lugar de armonía tendrías disonancia. Si faltara uno de los tres colores primarios, rojo, azul o amarillo, no tendrías los colores que estás viendo ahora. Si tienes todos los números para la combinación de una caja fuerte, menos uno, no puedes abrir la caja fuerte. Es imperativo que aprendas y uses todos los diez pasos hacia la AMP.

Estos diez pasos son el centro del asunto, son tus claves para "aprender haciendo". Cada paso incluye una sugerencia para APRENDER HACIENDO que te ayudará a incorporar ese paso en particular a tu estructura mental. Cada paso también incluye una pequeña AUTOEVALUACIÓN. No hay calificación para estas pruebas; en lugar de eso, están diseñadas para inspirarte a examinar la manera como estás pensando acerca de la AMP, y expandir tus ideas acerca de todas las formas en que puede aplicarse en tu vida. Al final de cada paso, también encontrarás PALABRAS DE LOS SABIOS, comentarios inspiradores de otros que han aprendido el valor de la AMP. Luego un consejo especial extra te mostrará algo concreto que puedes hacer para ayudar a que la AMP funcione.

La manera como uses el método de diez pasos hacia la AMP, depende de ti. Desde luego, este es un método que puedes seguir:

1. Primero lee todos los diez pasos.

2. Concéntrate en un paso cada día por diez días, asimilándolo en la esencia pura de tu rutina.

3. Repite el ciclo. La repetición es un aspecto importante del aprendizaje, así eliges pasar por los diez pasos una y otra vez hasta que los conozcas y apliques de inmediato y de memoria.

Otra posibilidad sería tomar una semana con cada paso, haciéndolo práctico en todos tus asuntos. Al final de diez semanas, estarás bien adelantado como estudiante graduado en actitud mental positiva, un experto en su aplicación a ti mismo y a cada persona, circunstancia y evento que surja en tu camino.

## Beneficios complementarios de la AMP

Con la promesa de que la AMP será tuya, viene otra: la promesa de que esta fórmula te ayudará a descubrir una persona totalmente nueva y maravillosa que en este momento está dormida en tu interior. Descubrirás un nuevo yo feliz y emocionante. Al seguir esta fórmula, vas a adquirir y conservar una actitud gozosa y productiva en todos los momentos de tu vida, incluso cuando encuentres problemas o dificultades. W. Clement Stone dice: "Cuando tengo un problema o dificultad en los negocios o en cualquiera otra área, pienso que 'eso es bueno', y luego reflexiono sobre '¿qué es lo que lo hace tan bueno?' Posteriormente busco la mejor forma de cómo hago para convertir esas desventajas en ventajas".

Y si alguien tiene un problema real, es muy, muy afortunado, si adopta una filosofía de AMP. Si tienes dificultades, con la AMP reconoces que ellas posiblemente son bendiciones disfrazadas. Sabrás que no hay nadie que realmente sea exitoso que no tenga la capacidad de mirar atrás y ver un período en su vida en el que haya tenido una dificultad muy seria y no la haya resuelto de manera inteligente. Claro, si tienes un problema serio, en ese momento piensas que eres muy desafortunado. Pero uno de los mejores automotivadores, uno que te recomiendo de corazón es: "Con toda adversidad hay una semilla para un beneficio igual o mayor". Dicho de otra forma: "Con cada desventaja, hay una ventaja".

Vas a experimentar el entusiasmo y la emoción de ver a la AMP ayudándote a obtener cualquier cosa valiosa que desees en tu vida. Sólo se necesita tu compromiso para hacer que la AMP funcione para ti, y no importa lo extraña que te parezca esa forma de pensar al comienzo, entre más la pongas en práctica, más cosecharás sus muchas recompensas. ¿Por qué no comenzar ahora?

PRIMER PASO:

Hazte cargo
de tu mente
con total
convicción

Sólo hay un camino hacia la AMP: debes controlar tu mente con total convicción. Tu mente es una de las grandes maravillas del universo. El astrónomo, matemático y físico Freeman Dyson dice respecto a la mente:

> Es asombroso que la mente registre nuestra conciencia de la naturaleza en dos niveles diferentes. En el nivel más elevado, el nivel de la conciencia humana, la mente de alguna manera es directamente consciente del complejo flujo de patrones eléctricos y químicos en el cerebro. En el nivel más bajo, el nivel de sólo átomos y electrones, la mente de un observador nuevamente está involucrada en la descripción de eventos. Entre los dos está el nivel... en el que los modelos mecánicos son adecuados y la mente parece irrelevante. Pero yo, como físico, no puedo dejar de sospechar que existe una conexión lógica entre los dos niveles en el cual la mente aparece en mi universo.
>
> ...No me siento como un extraterrestre en este universo. Entre más examino y estudio los detalles de esta arquitectura, más evidencia encuentro de que el universo en algún sentido debe haber sabido que veníamos.

Dyson cree que la mente penetra el universo, haciéndose presente tanto al nivel de las cosas menores, como de las mayores, en la actividad de electrones y la actividad de los humanos. Donde el universo y tu mente se encuentran, donde las cosas menores se conectan con las mayores, es el punto en el cual puedes ejercer control de tu vida y del mundo que te rodea.

Recuerda la observación de W. Clement Stone: "Eres una mente con un cuerpo". Eres competente para dirigir tus pensamientos, controlar tus emociones y dictar tu destino. William James ciertamente se percató del poder reprimido que toda persona posee. Te recuerdo esta convicción: "Nos convertimos en lo que pensamos la mayor parte del tiempo".

Todos tenemos el mismo maravilloso tesoro: un cerebro y un sistema nervioso. Cada persona que sea "normal" (en el sentido más amplio de la palabra), ha heredado el poder de lograr en principio cualquier cosa en la vida que alguna otra persona haya alcanzado o esté alcanzando en este momento. Tus pasiones, emociones, instintos, tendencias, sentimientos, estados de ánimo, actitudes, y hábitos, son todos tuyos para dirigirte a tal fin. La manera como los uses depende de ti. Como con todos los poderes naturales, cada una de estas habilidades presentes tiene el potencial para bien, pero el uso que cada uno le dé puede ser positivo, neutral o negativo.

Al nacer, estos poderes están latentes. Son como nuevas herramientas en un almacén de artículos de construcción, pulidos, brillantes, listos para ser usados, pero incapaces de actuar por sí solos. Necesitan un usuario. Como el bebé recién nacido se desarrolla hasta la adultez, la evidencia de estas funciones de la mente se refleja en pensamientos y acciones. De vez en cuando, debido a la ignorancia, al temor o a alguna otra influencia negativa, muchas de ellas dejan de usarse y están inactivas.

Pero sin importar lo que hayas hecho hasta ahora en tu vida, todavía tienes el poder y la habilidad para usar efectiva y eficientemente las herramientas de tu mente. Puedes dirigirlas, controlarlas y armonizarlas, todo al desarrollar una actitud mental positiva.

Tu mente tiene diez billones de células, más o menos, lo cual es el doble de la población mundial. Todas estas células están interconectadas, y todas son diseñadas para estar a tu servicio. Aún así las personas más inteligentes ni siquiera se acercan un poco a utilizar completamente el poder disponible en ella. Muchas de las personas más importantes en la historia han tenido un coeficiente intelectual no mayor al promedio. Sus logros y grandeza se debieron a su habilidad de usar y dirigir sus poderes mentales. ¡Tuvieron coeficientes de AMP superiores! Tú tienes capacidades mentales ilimitadas, pero depende de ti el usar esta habilidad para pensar positivamente, para que todos esos poderes funcionen también a tu favor.

## APRENDE HACIENDO

### Hazte cargo de tu mente con total convicción

Nota: este es el primero de los ejercicios prácticos para ti. Toma el tiempo, saca el tiempo, una y otra vez, para hacer los ejercicios de todos los diez pasos.

Haz una copia del siguiente credo, y ponla en algún sitio donde de seguro lo vayas a ver a primera hora en la mañana; probablemente el sitio sea el espejo del baño, o el cajón de tu vestidor. No esperes hasta que lo creas para decirlo, pues hacerlo te ayudará a creerlo.

CREO QUE MI MENTE ME PERTENECE

CREO QUE PUEDO HACERME CARGO DE MI PROPIA MENTE.

CREO QUE PUEDO DIRIGIR Y CONTROLAR MIS EMOCIONES, ESTADOS DE ÁNIMO, SENTIMIENTOS, INTELECTO, TENDENCIAS, ACTITUDES, PASIONES Y HÁBITOS CON LA INTENCIÓN DE DESARROLLAR UNA ACTITUD MENTAL POSITIVA.

DESARROLLARÉ UNA ACTITUD MENTAL POSITIVA.

## El compromiso de los triunfadores

La Copa América es el trofeo de navegación más prestigioso del mundo. Es llamada la Copa América porque durante 138 años, fue ganada por equipos de los Estados Unidos. Pero en 1983 los australianos sorprendieron al mundo al ganar la copa.

Dennis Conner era el capitán del yate americano que perdió ese año. Pero cuatro años después, él y su tripulación a bordo del Stars & Stripes trajeron la Copa América de vuelta a los Estados Unidos.

Para hacerlo, Conner tuvo que superar desventajas increíbles, incluyendo la percepción de que en primer lugar él fue quien perdió la Copa América.

En el centro del logro de Conner, estaba lo que él llama "el compromiso con el compromiso", la dedicación a su meta que le permitió enfocar todas sus energías para construir la clase de bote y reunir el tipo de tripulación que pudiera ganar. "Cuando haces el compromiso...", dice Conner, "te enfocas en un sólo acto. Hay un nuevo evento principal en el centro del escenario, y todos los demás 'actos' en tu vida tienen que tomar lugar en otra parte".

Haz tu compromiso con tu compromiso para desarrollar una AMP hoy.

## AUTOEVALUACIÓN

Responde honestamente las siguientes preguntas:

1. Estás por reunirte con tu jefe para hablar respecto a tu aumento de salario. ¿Cómo pasas la media hora previa a la reunión?

    a. Hablando con compañeros de trabajo para mantener tu mente alejada del gran evento.

    b. Repasando mentalmente tus retos e indicios de que estás listo a renunciar si no obtienes el aumento de salario que deseas.

    c. Revisando los logros que has alcanzado durante el último año, la manera como éstos han beneficiado a la organización y tus planes para construir sobre ellos durante el siguiente año.

2. Tu hija ha traído a casa una libreta de calificaciones diciendo que está teniendo problemas con una materia en la escuela. ¿Cómo reaccionas?

    a. Le dices, "Yo tuve el mismo problema y me fue bien. No te preocupes por eso".

    b. Le dices que ella debe pasar una hora extra cada tarde estudiando la materia, y que hasta que sus notas suban, no puede hacer parte de ninguna actividad extracurricular.

    c. Le dices que es bueno saber sobre sus dificultades antes que sean demasiado grandes. Le ofreces revisar sus tareas con ella después de que las

## LAS CLAVES DEL PENSAMIENTO POSITIVO

termine porque sabes que aunque la materia es difícil, ella podrá entenderla con algo de esfuerzo extra.

3. Tu vecino tiene un nuevo perro que le gusta escarbar en tu césped. ¿Cómo respondes?

    a. Haces una mueca y dices "¿No te parece adorable?"

    b. Amenazas con llamar a la perrera si vuelves a ver al perro en tu césped.

    c. Le dices a tu vecino lo que está sucediendo, sugiriendo que este es un hábito que debería detenerse antes de que el perro cause mayores problemas, y le preguntas cómo puedes ayudar.

4. Tu negocio está empezando a despegar cuando un competidor comienza a bajar sus precios. ¿Qué haces?

    a. Decides soportar la dificultad.

    b. Le dices a todos tus clientes que el competidor recorta sus precios y los incrementará tan pronto como tú hayas salido del negocio.

    c. Conservas tus precios pero ofreces mejor servicio que tu competidor mientras doblas esfuerzos por hacer que tus clientes sepan cuánto valoras su preferencia por tu negocio.

En cada una de las situaciones anteriores una respuesta "a" representa un intento por ignorar un problema u oportunidad potenciales. No es una respuesta de AMP porque significa que aceptas una situación como algo sobre lo cual no tienes influencia. Tener AMP significa que reconoces que tu respuesta a una situación, buena o mala, es uno de los medios más poderosos que tienes para alcanzar el éxito.

Una respuesta "b" es lo puesto a la AMP. En cada una de ellas te estás concentrando en aspectos negativos de la situación, preparándote mentalmente para el conflicto y los problemas. Usualmente también les dices a otras personas que esperas que te causen ese conflicto y problema. Una respuesta de AMP no ignora lo que está mal en determinada situación, sino que identifica que la mejor salida es buscar soluciones y no más problemas.

Una respuesta "c" es una respuesta de AMP. Mentalmente te prepara para que las cosas te salgan bien, y también les dices a otros que sabes que esto sucederá. No es una respuesta que ignora el problema; es una respuesta que corta el problema a su paso. Esto necesitará acción de tu parte, generalmente de inmediato, pero a largo plazo necesitará menor esfuerzo que si empeoraras el problema al ignorarlo o aumentar las tensiones.

**Bono:** durante el día, cuando las circunstancias, las personas o las situaciones amenacen tu actitud mental positiva, usa esta frase rápida para volver al curso:

> MI MENTE ME PERTENECE.
> ¡VOY A CONTROLARLA!

## PALABRAS DE LOS SABIOS

"Y todo lo que te venga a la mano para hacer, hazlo con todo empeño". —**Eclesiastés 9:10**

"Si algo externo te preocupa, el dolor no se debe a eso en sí, sino a tu apreciación del asunto; así que tienes el poder para invalidarla en cualquier momento".
—**Marco Aurelio**

"Cualquier cosa que hagas, o sueñes que puedes, comiénzala. La audacia tiene genio, poder y magia en sí misma".
—**Johann Goethe**

"Circunstancias, ¿qué son las circunstancias?
Yo creo las circunstancias".
—**Napoleón**

"Los hombres nacen para tener éxito, no para fracasar".
—**Henry David Thoreau**

"Siempre ten presente que tu propia decisión de triunfar es más importante que cualquier otra cosa".
—**Abraham Lincoln**

"El destino no es una casualidad, es cuestión de elección. No es algo que hay que esperar; es algo que hay que alcanzar".
—**William Jennings Bryan**

"Algo chistoso de la vida es que si te rehúsas a aceptar cualquier cosa que no sea lo mejor, muy a menudo la obtienes".
—**W. Somerset Maugham**

"Al final, nuestra única libertad es la libertad de disciplinarnos a nosotros mismos".
—**Bernard Baruch**

"El futuro pertenece a quienes creen en la hermosura de sus sueños".
—**Eleanor Roosevelt**

SEGUNDO PASO:

**Mantén tu mente en las cosas que deseas y lejos de las que no deseas**

Tan pronto como te hagas cargo de tu propia mente, debes conservar el control de la misma, y la mejor forma es mantenerla enfocada en las cosas que deseas y lejos de las que no deseas.

"Una imagen vale más que mil palabras" dice el antiguo dicho. Buena parte de la manera como piensas toma forma en palabras, pero el pensamiento más profundamente motivacional que tienes, toma forma en imágenes, no en palabras. Si se te ocurre una idea, usualmente es una imagen de algo sucediendo, en lugar de una frase que te pasa por la cabeza. Las imágenes son una forma inmediata y poderosa de pensar.

La habilidad que tu mente tiene para crear imágenes ocurre en un nivel mucho más antiguo y profundo que la habilidad de crear lenguaje. El desarrollo de la creación de lenguaje en los humanos es relativamente reciente. Las imágenes y pinturas tienen un atractivo directo, básico y elemental para tus emociones y sentimientos, mientras que las palabras sólo tienen un atractivo indirecto. Las palabras primero deben traducirse a imágenes antes de que los niveles más profundos de tu mente las acepten y sean cambiadas por ellos.

Por lo tanto, debes aprender a disciplinar tus pensamientos y visualizar las cosas que deseas, las características integrales que deseas obtener. Supón, por ejemplo, que el dinamismo es una cualidad que crees que necesitas. No te contentes con decir, "debo ser más dinámico". En lugar de eso, imagina cómo te verías si fueras más dinámico. ¿Cuál sería la expresión en tu rostro? ¿Cuál sería la actitud de tu cuerpo?

Puedes entrenarte a ti mismo para comportarte y reaccionar con imágenes íntegras, honestas y saludables para cualquier situación, persona o circunstancia que encuentres. Al visualizar el bien en otra persona en formas reales y tangibles, puedes asegurar que lo experimentarás. Al visualizar (en tu mente) el resultado positivo de una situación, puedes moverlo hacia la realidad.

Reconoce esta verdad: con cada adversidad, fracaso, derrota, aflicción o circunstancia adversa, (ya sea que tú u otra persona la haya generado), tienes la oportunidad de reaccionar positivamente. "Buscad y hallaréis". Puedes reconocer la semilla de un beneficio igual o mayor, una semilla que se convertirá en el mayor beneficio o bendición real, si tiene la ayuda de tu visualización de que eso sucederá.

Una forma de favorecer el desarrollo de una actitud mental positiva frente a la adversidad, es entender que lo hecho, hecho está. No puedes cambiar el pasado pero puedes afectar lo que sucede en el presente y en el futuro. Repite para ti: "Lo que sea que haya pasado, sucedió para bien, y ¡eso es bueno!" Luego pon manos a la obra para encontrar qué beneficio puede surgir de esa experiencia.

## En toda adversidad...

A veces llega a ser difícil creer que tras las malas noticias hay buenas noticias, pero muchas de las personas más exitosas hoy en día han aprendido muy bien esta lección.

Chuck Yeager fue piloto de guerra durante la ocupación de Francia en la Segunda Guerra Mundial cuando su avión fue derribado. Él escapó por sí solo de las patrullas alemanas y arrastró a su navegante por las montañas hasta España, donde finalmente encontraron seguridad. El cuerpo de la Armada Aérea estaba listo para enviarlo de vuelta a casa después de eso, pero Yeager se rehusó a ir. "Sin darme cuenta", dice, "estaba a punto de hacerme cargo de mi vida". Si me hubiera sometido a haber sido enviado a casa, dudo que el cuerpo de la Armada Aérea se habría interesado en conservar mis servicios después del final de la guerra". En lugar de eso, Yeager se convirtió en el primer piloto en volar más rápido que la velocidad del sonido.

Terrie Williams era una trabajadora social en un hospital a quien le gustaba mucho trabajar con la gente, pero los problemas de las personas la abrumaron al punto de estar lista para renunciar. Entendió que lo que más le gustaba hacer era compartir buenas noticias, no malas, y comenzó una compañía de publicidad que pronto atrajo a clientes como Miles Davis, Eddie Murphy y Jackie Joyner-Kersee. Ella nunca habría llegado a ser una de las mejores publicistas del país si no hubiera enfrentado la decepción de ver cómo su primera ambición se derrumbaba.

Cierra tus puertas mentales tras de ti en esas circunstancias desagradables o fracasos que hayas experimentado en el pasado. Quedarse en los fracasos, desilusiones, o sentimientos negativos acerca de otros, sólo puede empeorar las situaciones. Aprende a dejar que tu insatisfacción con cualquier cosa te inspire.

La inspiradora insatisfacción es ese descontento divino que a lo largo de la historia del hombre ha producido todos los progresos y reformas reales.

La inspiradora insatisfacción conduce a la autoinspiración para actuar. Te motiva a aprender de la derrota, a convertir tus desventajas en ventajas, y a trabajar más duro para alcanzar tus metas sin importar los obstáculos que encuentres.

Por ejemplo, toma el histórico caso del chico que casi siempre reprobaba cada curso de primaria en la escuela. Siendo un adolescente fue afortunado de haber pasado la secundaria. Luego, siendo estudiante de primer año en la universidad, reprobó en el primer semestre. Ya era suficiente, para entonces algo sucedió que desarrolló la inspiradora insatisfacción en su interior.

Él sabía que tenía la habilidad para tener éxito y reflexionando entendió que era necesario trabajar duro para ponerse al día con el tiempo perdido. Con esa nueva actitud mental positiva, ingresó a una universidad técnica. Se esforzó mucho. Siguió esforzándose y el día de la graduación recibió el honor de ser el segundo mejor de su clase.

No, ahí no se detuvo. Se presentó para ser admitido en una de las mejores universidades del país, donde los estándares escolares son excesivamente elevados y las admisiones son las más difíciles de obtener. Debido a su actitud mental positiva, y su registro de logros en la universidad técnica, fue admitido. Y allá también desarrollo un envidiable registro como un estudiante sobresaliente, porque cada adversidad lleva en sí una semilla para un beneficio igual o mayor.

Mantén tu mente enfocada en las cosas que deseas lograr o defender en la vida. Usa tu cerebro para albergar un pensamiento controlado y optimista. Toma el control de tu mente y dirígela a imágenes de tu elección. No permitas que las circunstancias o la gente te dicten imágenes negativas.

Recuerda: ayer se fue para siempre. Mañana puede nunca llegar. Sólo el hoy es tuyo para que lo vivas.

## APRENDE HACIENDO

### Mantén tu mente en las cosas que deseas y lejos de las que no deseas

Pensar en términos visuales en lugar de palabras es algo difícil. Este ejercicio te ayudará a comenzar el entrenamiento para formar y mantener imágenes visuales:

Haz una lista de tres cosas que desees. Una debería ser una característica saludable que deseas adquirir. Otra debería ser una relación mejorada con alguien cercano a ti. Y otra debería ser un bien material que te gustaría tener. ¡Sé específico!

Característica: _____

Relación: _____

Posesión personal: _____

Considera cada uno de estos. Piensa en una manera de mostrarlos visualmente. Busca fotos en revistas viejas o periódicos que simbolicen para ti la imagen mental que has creado.

Usa tu propia y ricamente creativa imaginación para hacer este ejercicio. Las siguientes sugerencias son sólo detonadores. Supón que "la generosidad" es la característica que elegiste, por ejemplo. Luego busca una imagen de alguien con una mano abierta y extendida. Si deseas mejorar una relación en especial con "más tiempo de calidad juntos" encuentra la foto de un reloj. Y si la posesión personal que deseas es un Mercedes Benz, localiza un anuncio de ese auto y recorta la foto.

Pon estas imágenes donde las veas a diario. Úsalas como pistas visuales para ayudar a que tu mente forme la imagen mental de la característica, la relación a mejorar y la posesión personal. ¡Y luego cree que vas a lograr lo que deseas!

## AUTOEVALUACIÓN

Responde honestamente las siguientes preguntas:

1. Tu trabajo como representante de ventas te lleva a un punto donde todos tus clientes tuvieron una mala experiencia con tu predecesor y están renuentes a hacer negocios con tu compañía. ¿Cómo respondes?

   a. Actúas como si no hubiera pasado nada malo antes.

   b. Identificas puntualmente qué salió mal con cada cliente, luego escribes un informe detallado para tu supervisor acerca de todos los problemas que has enfrentado para que quede claro que te han puesto en una mala situación.

   c. Encuentras específicamente qué fue lo que salió mal con cada cliente, luego usas ese conocimiento para asegurarte de que las cosas fluyan sin problema y que tus clientes sepan que estás dedicado a que todo siga así.

2. Tu hijo tiene un accidente con el auto cuya reparación costará miles de dólares. ¿Cómo reaccionas?

   a. Das un suspiro diciendo: "Adolescentes. Gracias a Dios por las aseguradoras".

   b. Le prohíbes volver a conducir, y le dices que por su irresponsabilidad queda castigado durante los próximos seis meses.

c. Le dices que es su responsabilidad conseguir un empleo para pagar los arreglos, y que tan pronto lo haya hecho, podrá volver a usar el auto.

3. Haces parte de una organización cívica que procura recaudar fondos para una obra de beneficencia local por medio del patrocinio de un mercado de pulgas. Dos semanas antes del evento has recibido pocas donaciones de mercancía. ¿Qué haces?

   a. Esperas lo mejor.

   b. Llamas a la obra de beneficencia y les dices que no esperen mucho dinero. Contactas a otros miembros de la organización y predices una decepción para que se hagan a la idea.

   c. Llamas a tu lista de potenciales donantes y les recuerdas que harán grandes cosas por la comunidad. Preguntas si es posible facilitarles las cosas al recoger donativos, y cuando puedes pasar para hacerlo.

4. Tu médico te dice que estás al límite de presión arterial. Vas a comenzar a tomar medicinas para eso, o decides hacer cambios en tu estilo de vida que harán que la presión baje. ¿Cómo respondes?

   a. Ignoras su consejo.

   b. Tomas la medicina ya que él aconseja todo el tiempo acerca de qué comer y qué cambios hacer, y odias estar en una clase de programa y sabes que nunca lo seguirás.

c. Comienzas a hacer ejercicio, a comer alimentos más saludables y usar meditación y visualización para aminorar el estrés en tu vida y te concentras en ser una persona más saludable y menos estresada.

De nuevo, las respuestas "a" representan movimientos malos. Todas te permiten pretender que no hay ningún asunto que tratar, aunque sabes que sí lo hay. Puedes decirte a ti mismo que no hay ningún problema, pero ahí está y cuando aumente estarás completamente desprevenido para enfrentarlo. La AMP no ignora una situación. Con la AMP te concentras en los buenos resultados que sabes que son posibles porque estás haciendo que sucedan.

Una respuesta "b" demuestra lo opuesto. Te dices a ti mismo y a los demás que un resultado negativo es verdadero y te resignas a eso. No actúas y refuerzas tu pasividad al decirte a ti mismo que hacer algo igual sería inútil. La AMP siempre requiere que seas activo ante una situación, y el primer sitio para empezar es con tu propia actitud.

Si estás actuando con AMP, habrás elegido respuestas "c". Concentrarse en hacer buena una mala situación no significa ignorar que existe un problema. En cada uno de los ejemplos, debes reconocer el problema para comenzar a solucionarlo. Pero la clave está en decirte a ti mismo y frecuentemente a otros, que crees que se va a hallar una solución. Estas soluciones a menudo son mayores en su alcance que el problema inicial.

Por ejemplo, en el primer caso, al mostrar a tus clientes que estás dedicado a servirles, no sólo superas su disgusto respecto a tu predecesor, sino que te haces valioso para ellos y por consiguiente para tu compañía. En el segundo ejemplo, al darle a tu hijo una oportunidad de enmendar, le das a él una lección acerca de responsabilidad y trabajo, y le muestras que si él comete un error, tiene la capacidad para superarlo, un buen ejemplo de una lección de AMP para compartir.

En la pregunta tres, te concentras en el beneficio del proyecto y atraes a otros a crear ese beneficio. A la gente le gusta tener la oportunidad de ayudar a otros, y no sólo te respetarán por hacerlo posible para ellos, sino que verán que eres una persona orientada a la acción. Y en la pregunta cuatro, al responsabilizarte por tu salud estás enfrentando las causas de tu problema en vez cubrirlas. Aunque los pasos que tomes demuestren ser insuficientes para evitar la necesidad de medicinas, aún así habrás mejorado la situación.

La AMP enfoca tu mente en soluciones positivas, y cuando te entrenas para encontrarlas, hacerlo se convierte en un hábito valioso.

**Bono:** usar el poder de la visualización para mantener tu mente alejada de lo que no quieres es igual de fácil. Anteriormente dije: "Cierra tus puertas mentales tras de ti en circunstancias desagradables o fracasos que hayas experimentado en el pasado". Usa esto como un gatillo visual para formar una imagen. Imagínate en un largo corredor en medio de tu cerebro. Hay muchas puertas que dan a ese corredor y una de ellas está etiquetada como FRACASOS Y DERROTAS. Ahora imagínate caminando resueltamente hacia esa puerta mientras sacas una inmensa llave de tu bolsillo. Firme y decididamente cierra y asegura esa puerta. Guarda la llave en tu bolsillo con una sonrisa. En cualquier momento que sientas la sombra de viejos pensamientos negativos acechándote, repite para ti:

TENGO LA LLAVE EN MI BOLSILLO.

HE ENCERRADO ESE PENSAMIENTO

Y sonríe porque sabes que es cierto.

## PALABRAS DE LOS SABIOS

"Él lo hizo con todo su corazón y prosperó".
—**Crónicas 31:21**

"Vayamos cantando mientras caminamos; así el camino será menos tedioso".
—**Virgilio**

"Una cosa hago: olvidando ciertamente lo que queda atrás, me extiendo a lo que está delante".
—**Filipenses 3:13**

"Nuestras dudas nos traicionan y nos hacen perder lo bueno que a menudo podemos ganar cuando tememos intentarlo".
—**William Shakespeare**

"Nunca te desesperes, pero si lo haces, sigue trabajando desesperadamente".
—**Edmund Burke**

"Siempre sucede aquello en lo que de verdad crees, y creer en algo hace que suceda".
—**Frank Lloyd Wright**

"Para ser feliz, desecha la expresión 'si tan sólo' y reemplázala por 'la próxima vez'".
—**Smiley Blanton**

"Tan pronto tomé una decisión no me volví a preocupar por eso".
—**Harry S. Truman**

"Procede como si fuera imposible fallar".
—**Dorothea Brande**

"Los perdedores visualizan las penalidades de los fracasos. Los triunfadores visualizan las recompensas del éxito".
—**Rob Gilbert**

"Procede como si fuera imposible fallar".
—**Dorothea Brande**

TERCER PASO:

# Vive la Regla de Oro

Haz a los demás lo que quisieras que hicieran contigo. Dicho a la inversa, no hagas a los demás lo que no quisieras que hicieran contigo.

Este paso familiar y aparentemente simple, tiene un valor tremendo. A veces vivir la Regla de Oro significa que debes defender a otros, ser su guardián, protector y abogado. Martin Niemoller, un líder protestante de la resistencia a la tiranía Nazi, conoció esa verdad. Hablando a audiencias después de la guerra, Niemoller decía:

> "Los Nazis vinieron por los comunistas y yo no los defendí porque yo no era comunista. Luego vinieron por los judíos y yo no los defendí porque yo no era judío. Luego vinieron por los sindicalistas, y yo no los defendí porque yo no era un sindicalista. Luego vinieron por los católicos y yo era protestante. Así que no los defendí. Luego vinieron por mí... para ese momento ya no había nadie que defendiera a nadie".

Sí, haz a los demás lo que quisieras que hicieran contigo. Consistentemente busca el bien en todos y en todas las circunstancias. Al tratar con tu familia, tus amigos y compañeros de trabajo, conviértete en un descubridor del bien, no un criticón. Ayuda, elogia y anima en lugar de criticar, culpar o vengar. Camina la milla extra para ayudar a alguien.

El concepto de AMP es que la pequeña diferencia que hace la gran diferencia para que alguien sea feliz, infeliz o desgraciado, es si su actitud hacia sí mismo y los demás es positiva o negativa.

Por ejemplo, la forma más segura de encontrar la felicidad para ti mismo es dedicar tus pensamientos, energías y actividades a hacer a otros felices en cosas pequeñas a diario. Puedes hacerte infeliz o miserable al pensar únicamente en términos de ti mismo y no en las reacciones de otros a lo que haces o dejas de hacer, dices o no dices.

El libro de Lloyd C. Douglas, *Magnífica Obsesión, (The Magnificent Obsession)* indica que cuando le das alegría a alguien más, ésta volverá a ti muchas veces si lo haces sin jactancia o buscando la recompensa personal.

"Big Jim" Daniell conoce el poder de ser feliz. Antes de llegar a RMI en 1976, una planta productora de titanio, la compañía estaba en grandes problemas. Desde entonces, como el nuevo presidente, el señor Daniell ha invertido las cosas. ¿Cómo lo hizo? No con computadores, ni consultores, ni con un MBA, sino con actitud mental positiva.

Big Jim memorizó los nombres de todos los setecientos empleados de RMI. "Cuando conoces a un hombre que no sonríe, dale una de tus sonrisas", dice un anuncio colgado en la pared. Big Jim da sonrisas todo el tiempo mientras cruza el piso de la planta en su carro eléctrico, haciendo bromas con los trabajadores. "Créalo o no, para un jugador de fútbol americano grande y callado", (él fue el capitán de los Browns de Cleveland en 1945), "tengo

## LAS CLAVES DEL PENSAMIENTO POSITIVO

una filosofía: haz con otros lo que quisieras que hicieran contigo", dice.

La filosofía del señor Daniell funciona. Las ventas de RMI están arriba. La productividad está arriba. La moral está arriba y el señor Daniell es un hombre feliz.

Comparte una porción de lo que tienes. Al compartir con otros, das una porción de ti mismo, pero lo que te queda se multiplica y crece. Al mismo tiempo, retas a otros a una forma de vida más elevada y creativa. Al ayudar a otros, a su vez, te has ayudado a ti mismo, y así has puesto en movimiento una reacción en cadena de buena voluntad y AMP.

## APRENDE HACIENDO

### Vive la Regla de Oro

Piensa en tres cosas que te gustaría que la gente hiciera por ti.

1. _____
2. _____
3. _____

Ahora inviértelas. ¿Cómo puedes hacer cada una de esas cosas por otros? Usa el paso número 2 como ayuda en esto: crea una imagen en tu mente de lo que ves que sucede. Si te ayuda, encuentra una imagen simbólica para visualizar lo que vas a hacer. ¡Ahora ve y hazlo!

### Cuando recibas un poco, da un poco

Una y otra vez, las personas exitosas han compartido su éxito con otras personas y sus comunidades. Eso les genera respeto, cooperación y satisfacción personal.

Terry Evenson tuvo mucho éxito en varios emprendimientos de negocios. Una manera como compartió su éxito fue comenzando un programa de becas escolares para estudiantes destacados y de pocos recursos. Ahora que estas personas han tenido la oportunidad de tener éxito, a su vez están ayudando a dar fondos para becas para otros estudiantes, todo esto con la convicción de que es importante darle a alguien la oportunidad de tener éxito.

Bill Cosby es uno de los animadores más poderoso y conocido en el mundo. Su negocio es reunirse con otros aspirantes a animadores y darles consejos profesionales y el ánimo que él sabe que necesitarán mientras luchan por hacer una carrera.

## AUTOEVALUACIÓN

Considera las siguientes preguntas:

1. Hace tres días le diste a tu compañero de trabajo toda la información que habías recolectado y analizado para un informe importante que hay que

# LAS CLAVES DEL PENSAMIENTO POSITIVO

entregar mañana. Hoy te enteras que ha avanzado muy poco en su preparación. ¿Cómo respondes?

   a. No dices nada, así evitas presionarlo.

   b. Preparas un memorando para él y tu jefe describiendo el hecho de que completaste tus responsabilidades a tiempo y aclarando que cualquier falla en tener el informe listo no recae sobre tus hombros.

   c. Le ofreces ayuda para terminar el informe.

2. Tus suegros están envejeciendo y no pueden hacer todas las labores que antes hacían. ¿Cómo respondes?

   a. Te mantienes lejos del asunto, ya que no es de tu incumbencia. A nadie le gustan los suegros ruidosos.

   b. Insistes en que es hora que ellos se muden a un hogar de retiro antes de que se conviertan en una carga.

   c. Ofreces hacer diligencias para ellos y ayudar en la casa y el patio dos veces al mes mientras logras que más miembros de la familia ayuden.

3. Vas conduciendo a alta velocidad por una autopista llena y otro auto te sigue muy de cerca. ¿Cómo reaccionas?

   a. Sigues conduciendo como venías haciéndolo.

b. Frenas un poco y disminuyes la marcha. Haces lo mejor que puedes para enseñarle al otro conductor que muestre algo de cortesía en la vía.

c. Te mueves a un lado y permites que el otro auto pase.

4. En la estación de servicio de la que has sido cliente por años, un nuevo mecánico es descortés contigo y te trata como si no supieras nada. ¿Cómo respondes?

a. Lo soportas y asumes que en algún momento será despedido.

b. Vas a otra parte.

c. Hablas en privado con el administrador y le explicas que te sorprendió la forma como te trataron, ya que siempre has sentido bien atendido allá.

Ya sabes que una respuesta "a" es una pasiva que desafía la acción necesaria para una actitud mental positiva. La AMP identifica los problemas y procede para corregirlos; al ignorar estas situaciones permites que se infecten hasta que se convierten en algo más grande y potencialmente más problemático. A veces parece que mantenerse por encima del problema es la solución menos complicada, pero fácilmente puede hacer que la situación se salga de las manos. Posiblemente vas a encontrar a otros preguntándose por qué eres tan pasivo en una situación en la que deberías demostrar liderazgo y buen juicio.

## LAS CLAVES DEL PENSAMIENTO POSITIVO

Las respuestas "b" son activas, pero casi siempre aumentan la tensión y disponen a los demás a verte como un oponente o un llorón. Cuando los problemas surgen, la gente busca a alguien con iniciativa para encontrar una solución, no a alguien que exacerbe las tensiones o se marche en una pataleta. ¿Por qué alguien preferiría tratar contigo cuando tu actitud siempre es de culpar a otros o evitar la responsabilidad? Si, como en el ejemplo de la autopista, estás tratando con alguien que ya está mostrando ser insensato, puede ser imposible predecir lo que causará tu provocación, y las consecuencias rápidamente pueden incrementarse más allá de lo que puedes enfrentar. En lugar de retar, ofrece comprensión. Tus acciones deberían reflejar la forma cómo esperas que otros te traten.

Una respuesta "c" anima a otros a pensar en ti como alguien que siempre ha estado dispuesto a cooperar, dar una mano, hacer algo fuera de lo común. A veces esto involucrará a personas con quienes interactúas todo el tiempo, gente de cuya ayuda y disposición a cooperar de repente vas a depender, ya sean compañeros de trabajo con experiencia para financiar, suegros a quienes puede recurrir en tiempos de necesidad, o el propietario de una estación de servicio que hace que tu auto vuelva a funcionar el día antes de unas maravillosas vacaciones.

A veces encontrarás que la AMP que muestras al vivir la Regla de Oro se dirige hacia alguien que nunca antes has conocido y no volverás a ver. Puede que nunca veas un beneficio directo de tus acciones. Pero otros sí, comenzando con las personas a quienes respondes positivamente, y siguiendo con quienes a cambio te responden positivamente. Al proceder con AMP, aportas al suministro general de AMP en todo el mundo, mejorando toda comunidad en la que vivas y trabajes. Si alguna vez te ha asombrado la habilidad de alguien que conoces para obtener ayuda en los momentos más improbables, las probabilidades son que esa persona ha estado viviendo con AMP. Como dicen las Escrituras: "Lo que siembras, eso cosechas".

**Bono:** Piensa en tres cosas que no quieres que la gente te haga:

1. _____

2. _____

3. _____

Ahora inviértelas. Te enseñamos cómo:

Sé generoso. Cuando compartes con otros una parte de lo que tienes, lo que te queda se multiplica y crece. Ejemplos:

- Dale una sonrisa a todos los que conoces. Sonríe con tus ojos y sonreirás y recibirás sonrisas.

- Da una palabra amable con un pensamiento amable implícito -serás amable y recibirás palabras amables.

- Da aprecio -calidez de corazón. Apreciarás y serás apreciado.

- Da honor, crédito y aprobación, la corona del vencedor. Serás honrado y recibirás crédito y aprobación.

- Da tiempo con entusiasmo para una causa que valga la pena. Serás valioso y ricamente recompensado.

## LAS CLAVES DEL PENSAMIENTO POSITIVO

- Da esperanza -el ingrediente mágico para el éxito. Tendrás esperanza y te harás optimista.

- Da alegría -el más valioso estado mental. Tendrás ánimo y serás animado.

- Da ánimo -el brillo del sol verbal. Serás jovial y te animarán.

- Da una respuesta agradable -el neutralizador de las irritaciones. Serás agradable y recibirás respuestas agradables.

## PALABRAS DE LOS SABIOS

"El odio despierta rencillas; Pero el amor cubrirá todas las faltas".
**—Proverbios 10:12**

"Lo que no quieres que te hagan a ti, no se lo hagas a otros".
**—Confucio**

"Aseguramos a nuestros amigos, no al aceptar favores sino al hacerlos". **—Tucídides**

"Enséñame mi Dios y Rey a verte en todas las cosas, y todo lo que hago lo haga para ti".
**—George Herbert**

"El ejemplo no es lo más importante para influir a otros. Es lo único." **—Albert Schweitzer**

"A muchas personas no les importa lo que suceda mientras no les pase a ellos".
**—William Howard Taft**

CUARTO PASO:

# Elimina todos los pensamientos negativos por medio de la autoinspección

La mayoría de la gente no entiende que piensa negativamente a menos que haga esfuerzos conscientes para inspeccionar sus pensamientos, acciones y reacciones. El proceso de autoanálisis es sencillo. Sólo pregúntate: "¿Es esto positivo o negativo?" Cuando fallas en hacerte cargo de tu propia mente y orientarla hacia tu propia elección empleando el poder de la visualización, hay muchas probabilidades de que tus reacciones sean negativas en lugar de positivas.

Observa cómo el vivir la Regla de Oro es una ayuda positiva para ti. Evidentemente, si estás interesado en hacerle bien a otros, y evitar el mal, hay poco espacio para que haya pensamientos negativos.

Especialmente a medida que comienzas el emocionante proceso de desarrollar una actitud mental positiva, sin embargo, los viejos hábitos se impondrán de vez en cuando. Encontrarás pensamientos negativos acechando, listos para escabullirse cuando abras un poco la puerta. Las siguientes cuatro razones están presentes probablemente la mayoría de las veces que tienes pensamientos negativos.

1. Te sientes mal contigo mismo y la autocompasión te tienta.

2. Juzgas o culpas a una persona, situación o entorno. (Los alcohólicos hablan de "tomar la cura geográfica", refiriéndose a tratar de resolver sus problemas de bebida culpando el sitio donde viven).

3. Tu ego ha sido lastimado o desvalorado. Tu orgullo se ha deteriorado.

4. Lo más obvio, pero lo que la mayoría de personas encuentra difícil de reconocer, es que estás siendo egoísta contigo mismo, con alguien o con algo.

Entre más practiques la AMP más podrás reconocer los pensamientos negativos tan pronto sucedan. Pero a medida que comiences el gran proceso de incorporar AMP a tu vida, tendrás que confiar en análisis más conscientes. En la mayoría de los casos, los pensamientos negativos seguirán siendo fáciles de identificar porque te llevan a considerar el violar la Regla de Oro respecto a otros, o porque te dirás a ti mismo algo acerca de ti que considerarías un insulto si proviniera de otra persona.

Si pasa por tu mente el pensamiento de que no puedes hacer nada, pregúntate qué pensarías si un extraño en la calle pasara y te dijera lo mismo. Trata esos pensamientos como tratarías a un extraño. Di, "No sabes nada de lo que soy capaz de hacer. Es una falta de respeto que digas algo así".

## ¿Realmente quién está siendo egoísta?

La doctora Bertice Berry es una exitosa comediante, actriz y cantante que tiene su propio programa de entrevistas en televisión y dicta conferencias por todo el país. Fue el primer miembro de su familia en ir a la universidad, así que cuando se graduó, esperaba que todos sus familiares fueran a felicitarla.

Cuando se enteró que ninguno de ellos vendría, se enojó, y decidió no ir a la ceremonia de graduación hasta que un profesor le dijo que sencillamente estaba siendo egoísta. Finalmente fue, y se sorprendió cuando la universidad le dio el premio a la estudiante más sobresaliente, entregado a ella por un personaje dos veces ganador del premio Nobel.

Casi se pierde un increíble honor, todo porque su orgullo fue herido. En lugar de eso, lo superó y avanzó firmemente por la escalera del éxito.

Los pensamientos negativos que aparecen en tu mente son el producto de un pasado que has decidido dejar atrás. Vienen de experiencias que has decidido superar y no tienen nada que ver con la clase de pensador y gestor en que te estás transformando. Enfréntalos con un antídoto inmediato y contundente en la forma de un pensamiento positivo concreto acerca de ti mismo o de la persona o la circunstancia en cuestión.

## APRENDE HACIENDO

**Elimina todos los pensamientos negativos por medio de la autoinspección**

Haz una lista de chequeo para llevar en tu bolsillo o cartera. Llámala: "Fiestas a las que no quiero ir":

1. Fiesta de compasión -Te sientes mal por ti.

2. Fiesta de culpabilidad -Estás buscando a alguien a quien culpar.

3. Fiesta de orgullo -Estás sufriendo porque tu ego ha sido lastimado.

4. Fiesta de cerdo -Estás siendo egoísta.

Revisa esta lista al comienzo de tu día. Cuando emerjan los pensamientos negativos, toma un momento a solas para preguntarte, "¿qué sucede?" Mira tu lista de fiestas a las que les dices "no gracias" y mira si una de esas causas está en movimiento. Luego desvanécela.

## AUTOEVALUACIÓN

Responde honestamente las siguientes preguntas:

1. Tu oferta de servicios para un cliente prestigioso y lucrativo es rechazada y el proyecto se asignó a un grupo competidor. ¿Qué pasa por tu cabeza?

a. "Sencillamente no era para mí".

b. "Habría ganado el trabajo si la otra firma no hubiera estado tan desesperada por superar mis precios. Recibieron el trabajo a pérdida sólo por impedir que yo lo obtuviera".

c. "Necesito encontrar qué hizo que ellos eligieran a la otra compañía. Esta es una oportunidad para identificar áreas de problemas y corregirlos".

2. Tu hija abandona la universidad para trabajar en la cocina de un restaurante. ¿Qué viene a tu mente?

    a. "Ella nunca ha tenido mucha iniciativa".

    b. "Se está rebelando y está tratando de avergonzarme después de todo el dinero que he gastado enviándola a la universidad".

    c. "Ella no debe haber estado contenta en la universidad y debería saber por qué".

3. Estás como candidato a la presidencia de la asociación de tu comunidad local y eres derrotado. ¿Qué pensamientos tienes?

    a. "Otra lección aprendida. Debería dejar de tratar de ganar concursos de popularidad".

    b. "Si estas personas no pudieron ver el buen presidente que sería, entonces no debería gastar mi tiempo con ellos".

    c. "Mi oponente sabe algunas cosas que yo no sé acerca de entusiasmar los intereses de las personas. Es alguien de quien debo aprender. Apuesto que podríamos hacer un gran equipo trabajando juntos".

4. Sabes que deberías perder quince libras, pero no importa lo que intentes, hasta ahora no has tenido éxito. ¿Qué actitud tomas?

    a. "Oye, podría estar peor. Por lo menos no he subido nada de peso".

    b. "Estoy prestándole mucha atención a esta fiebre de estado físico. Nunca voy a perder ese peso y debería dejar de torturarme".

    c. "Necesito encontrar una nueva manera para seguir interesado en esto y mejorar mi salud".

Hay una manera de ver la vida conocida como "ve con la corriente", que a veces parece muy llamativa, ya que parece eliminar las preocupaciones y el estrés. Pero a menudo es un engaño para enviarte una serie de mensajes negativos acerca de quién eres y qué puedes hacer. Las anteriores respuestas "a" reflejan esto. A menudo incorporan una buena cantidad de sutil autocompasión junto con las frases "yo sencillamente no nací para ser un líder natural o un atleta", o "la vida me ha cargado con muchas cosas y lo mejor que puedo hacer es seguir a rastras".

Una actitud mental positiva no te permite alejarte con este tipo de pensamientos. La idea puede surgir en tu cabeza, pero la consideras y entiendes que es una manera de evitar la acción y la responsabilidad. Cuando esto sucede, tienes la capacidad para rechazar el pensamiento y enfrentarlo con sugerencias positivas; mientras más hagas esto conscientemente, más a menudo sucederá como un reflejo, hasta que los pensamientos negativos sencillamente dejen de surgir.

En lugar de culpar a las circunstancias, también es fácil culpar a otros porque parecen ser el objetivo perfecto para tu autocompasión y orgullo herido. Esto se ejemplifica en las respuestas "b". Desde luego, tomar esa posición nunca lleva a la acción de solucionar la situación, y fácilmente hace que las cosas empeoren. Acertadamente, debes identificar la fuente de la adversidad para encontrar los beneficios escondidos en ella, y si ignoras esta verdad, todos tus problemas no te ayudarán para nada.

Las anteriores respuestas "c" ejemplifican exactamente este enfoque. Reconocen que el problema existe y se disponen a encontrar más al respecto con la convicción de que existe la probabilidad de hacer algo. Este proceso de descubrimiento a menudo exige que confíes una y otra vez en tu AMP, porque vas a aprender cosas que nunca esperabas acerca de ti mismo o de tu situación. Pero si respondes a tales revelaciones con la actitud de que lo que has aprendido es importante y que lo intentarás, habrás cosechado uno de los mayores beneficios de la AMP: un mayor entendimiento propio y autoconfianza.

**Bono:** desvanecer un pensamiento negativo es más fácil de lo que crees. ¿Recuerdas el bono de tu segundo paso? TIENES LA LLAVE. Encierra ese pensamiento negativo en donde pertenece, ¡en el calabozo! Una actitud mental positiva pone el poder para hacer, en tus manos así como en tu cabeza.

## PALABRAS DE LOS SABIOS

"Soy una creación maravillosa".
—**Salmos 139:14**

"La autoconfianza es el primer secreto para el éxito".
—**Ralph Waldo Emerson**

"Repite para ti en tus sueños más secretos: 'Fui creado para encargarme de las cosas'".
—**Andrew Carnegie**

"El rencor es el desbordamiento de un sentimiento de inferioridad".
—**José Ortega y Gasset**

"El desánimo es sencillamente el desespero de un amor propio herido".
—**Frangois de Fénelon**

"Nunca armes un caso en contra de ti mismo".
—**Robert Rowbottom**

"Un hombre puede perder todo de vista cuando está empeñado en la venganza, y eso no vale la pena".
—**Luis L'Amour**

"Ganas fuerza, valor y confianza con cada experiencia en la que realmente te detienes a mirar al temor a los ojos. Puedes decirte a ti mismo: 'Viví en medio de este horror. Puedo enfrentar lo que venga'. Debes hacer lo que crees que no puedes hacer".
—**Eleanor Roosevelt**

QUINTO PASO:

¡Se feliz!
¡Haz felices
a otros!

Para ser feliz, ¡ACTÚA feliz! Así como eres ágil para pensar tu camino hacia una nueva forma de proceder, también tienes la habilidad de proceder en tu camino hacia una nueva forma de pensar. Se entusiasta. Para ser entusiasta, compórtate entusiasta. Sonríete a ti mismo y al mundo.

Con el tiempo experimentarás un sentimiento de gozo interior y entusiasmo que se mostrará sin que tengas que concentrarte en él. La gente reconoce a las personas positivas (y quiere estar cerca de ellas). Este cambio en la calidad de tu vida sucede cuando eliminas los pensamientos negativos y conservas en tu mente pensamientos, experiencias y recuerdos buenos, íntegros, constructivos. Y es sencillo mantener una actitud gozosa porque es tan fácil pensar positivamente como lo es pensar negativamente.

Si tienes que preocuparte, preocúpate positivamente. En su libro éxito de ventas, *Psico-Cibernética (Psycho-Cybernetics)*, el doctor Maxwell Maltz les dice a sus lectores que se "preocupen constructivamente". Dice que preocuparse es pensar en algo que podría salir mal, y que el antídoto para esta aflicción es fijarse conscientemente en lo que podría salir bien.

A continuación hay dos normas sencillas de seguir para afrontar una preocupación constructivamente. Escríbelas en una tarjeta y llévala en tu bolsillo como tú "prescripción" para las preocupaciones:

1. El mejor resultado que va a sucederle a mi reto de _____ es _____

2. Esto podría suceder. Finalmente, es muy posible que _____ sin duda podría suceder.

Con frecuencia toma una dosis de optimismo con estas normas. Imagina cómo se vería el desenlace esperado a tu problema. Luego vuelve a repasar mentalmente esos pensamientos, interiorizando gradualmente sentimientos de confianza y valor.

Maltz cree que la mente subconsciente no puede diferenciar entre una experiencia real y una imaginaria. Para sacar provecho de esta teoría, él sugiere el siguiente ejercicio: establece un momento definido cada día en el que puedas cerrar tus ojos y soñar despierto acerca de tus metas. Imagina que ya has logrado esos objetivos. Imagina cómo se siente el haber logrado tus metas, a qué huelen y cómo se ven. Cuando te encuentres teniendo pensamientos negativos, de inmediato date la orden de detenerte. Luego reemplaza esas sombrías imágenes con imágenes mentales de lo que realmente quieres que pase en tu vida. Inténtalo. ¡Funciona!

El maravilloso sentimiento que experimentarás es AMP.

## APRENDE HACIENDO

### Haz una crónica de tu éxito

Es importante examinar tus logros y éxitos. Redúcelos a una fórmula escribiendo los detalles de las experiencias que te ayudaron a obtenerlos. Igualmente es importante examinar las experiencias que no te gustaría repetir.

Combinar en una fórmula las experiencias deseadas dará como resultado métodos, habilidades o técnicas que continuamente dan resultados al ser aplicadas a tu vida personal, espiritual, familiar, social, profesional de negocios o civil. Puedes desarrollar métodos, habilidades y técnicas que continuamente dan resultados cuando las aplicas a cualquier actividad, servicio o producto que te preocupe. El éxito lo logran y lo mantienen quienes lo intentan y siguen intentándolo con una actitud mental positiva. También encontrarás la salud, felicidad, fortuna y éxito que buscas.

¡Se orgulloso! Enorgullécete de tus logros, tu familia, tu religión, tu país, y todo lo que sea bueno, pero se modesto y ten sentido de humildad. Podemos tener orgullo justificable en logros positivos, pero jactarnos de tal logro puede ser negativo.

En el idioma inglés, una palabra llega a tener muchos significados diferentes, tanto positivos como negativos, y el "término" orgullo es un excelente ejemplo. El orgullo es un sentido apropiado de dignidad personal, valor, honor y autorespeto. Esto es positivo cuando se aplica a algo de lo cual puedes estar debidamente orgulloso. Pero en el sentido negativo, el orgullo está en el primer lugar de la lista de los siete pecados capitales. Proverbios 16:18 dice: "Al orgullo le sigue la destrucción; a la altanería, el fracaso".

El orgullo negativo es un sentido indebido de superioridad, autoestima desmesurada y amor propio de una persona; de hecho, los sinónimos de orgullo en un sentido negativo son arrogancia, altivez, insolencia, altanería, desdén, prepotencia. Los antónimos son humildad y honestidad.

## AUTOEVALUACIÓN

Considera las siguientes situaciones:

1. Has entregado un ambicioso plan para reorganizar tu división y estás por reunirte con las personas que tomarán la decisión final. ¿En qué te concentras antes de la reunión?

    a. En detalles de rutina para que tus nervios no te agobien.

    b. En todas las preguntas difíciles que te harán y las objeciones que esperas que la alta gerencia tenga.

    c. En los beneficios que surgirán de tus recomendaciones y lo fácil que será explicarlos.

2. Tu cónyuge acaba de recibir la oferta para un ascenso que significa un mayor salario y una oportunidad para progresos futuros pero también una mayor carga de trabajo. ¿Qué aportas a la discusión respecto a aceptar el trabajo?

a. "Querida(o) haz lo que creas mejor".

b. "Sólo recuerda lo que le sucedió a la última persona que asumió ese cargo. No pudo soportar la presión y lo despidieron".

c. "Esta es una oportunidad muy buena, seguro que vas a poder con el cargo. Si quieres, tómalo, estoy contigo todo el tiempo".

3. Como presidente de la asociación de padres y maestros, te sorprende el anuncio de la directora de la escuela diciendo que renunciará para volver a la universidad. El superintendente de escuelas te pide que sirvas en el comité que elegirá el reemplazo. ¿Qué actitud asumes en el proceso de selección?

   a. Decides que un director es igual que otro y eres condescendiente con los otros miembros del comité.

   b. Afirmas con claridad que crees que será imposible encontrar a alguien tan bueno como la directora anterior y le recuerdas a todos que deberían esperar escuchar quejas acerca de quien sea que escojan.

   c. Reconoces que los buenos directores se pueden encontrar y que el anterior les da un excelente modelo a usar, pero que cada candidato tendrá diferentes fortalezas y la clave será encontrar al más idóneo para las necesidades de tu escuela.

4. Tus recorridos diarios al trabajo y de regreso toman cuarenta y cinco minutos cada uno. ¿Cómo pasas el tiempo?

a. Escuchando música.

b. Escuchando a gente quejarse de todo en la radio.

c. Visualizando lo que lograrás hoy y de qué manera esto te acercará más a tus metas principales en la vida.

Napoleon Hill dijo una vez: "Lo único que puedes controlar con seguridad en cualquier situación es tu reacción ante esta". Si formas el hábito de adoptar una perspectiva optimista en cada situación, encontrarás que estás ayudando a crear ese resultado con todo lo que digas y hagas.

Cada uno de nosotros conoce esa vocecita que surge de vez en cuando y dice: "Esto no va a funcionar", o "El fracaso está a la vuelta de las esquina". Puedes domesticar esa vocecita concentrándote en pensamientos positivos, pero ella es persistente, así que no intentes ignorarla. Piensa que al cambiar lo que estás pensando haces que la voz se vaya, pero eso en realidad no funciona. Tienes que ahogarla con la voz positiva que dice lo que sabes que puede ser cierto. Y les haces un gran favor a otros cuando añades tu voz positiva a sus pensamientos. Es por eso que las anteriores respuestas "a" no reflejan la AMP.

La actitud mental de todos es contagiosa. Es por esto que no le haces a nadie un favor, incluyéndote a ti mismo, al insistir en los problemas potenciales. Las anteriores respuestas "b" representan una actitud mental negativa que rápidamente comunicas a las personas alrededor tuyo, saboteando sus esfuerzos y reacciones a tus propios esfuerzos. Es inevitable que un pensamiento negativo a veces surja en tu mente. Pero no le des voz inconscientemente. Deberías

## LAS CLAVES DEL PENSAMIENTO POSITIVO

examinarlo para ver si identifica un problema real, pero nueve de cada diez veces, la única acción necesaria será reemplazarlo con una alternativa positiva.

No cometas el error de pensar que adoptar una perspectiva alegre es como cerrar las cortinas. La historia está llena de ejemplos de personas que ignoraron todas las razones por las cuales algo estaba condenado al fracaso y aún así lo hicieron: Robert Fulton, Thomas Edison, los hermanos Wright. Para usar un ejemplo de Dennis Kimbro, el coautor con Napoleon Hill en el libro de *Piense y hágase rico (Think and Grow Rich): una elección negra*, la gente puede decirte que el sol ha descendido, pero están equivocados. En realidad el sol nunca desciende. Puede ser de noche donde estás, pero en la mayor parte de la tierra el sol brilla resplandecientemente.

### ¿Por qué proceder de otra forma?

Susan Jeffers, autora del libro *Siente el miedo y hazlo de todas formas (Feel the Fear and Do It Anyway)*, estaba cenando con una amiga tratando de hacerle ver el lado positivo de algo, cuando otra mujer comentó: "Estás empezando a sonar como Pollyanna".

Jeffers recuerda: "Impulsivamente dije '¿pero qué es lo terrible de Pollyana? ¿Qué hay de malo en sentirse bien con la vida a pesar de los obstáculos que enfrentes? ¿Qué tiene de malo mirar el sol en lugar de mirar la ruina y la tristeza? ¿Qué tiene de malo intentar ver lo bueno en todo? Eso no tiene nada de malo', aseguré. 'De hecho', añadí escépticamente, '¿por qué alguien se resistiría a pensar de esa forma?'"

Sólo tú puedes elegir la actitud que adoptas en una situación. Si te revuelcas en el barro del pensamiento negativo, éste se adherirá a ti y todos los que te rodean lo sabrán. En lugar de eso elije fijar tu mente en las cosas que deseas y la certeza de que las obtendrás. Si tienes que preocuparte, preocúpate positivamente.

**Bono:** enséñate el poder infeccioso de la alegría parándote frente al espejo y sonriéndote a ti mismo. Está bien si te sientes un poco incómodo al comienzo, probablemente un poco mejor si sientes la tentación de reír porque entonces sonreirás de verdad. Pero sólo verte sonriendo seguramente te dará un indicio de la felicidad que algo tan simple puede dar. Ahora, imagínate lo que puede suceder si compartes esa sonrisa con alguien más.

## PALABRAS DE LOS SABIOS

"Gran remedio es el corazón alegre".
—**Proverbios 17:22**

"El buen humor mantiene encendido algo como una luz de día en la mente, y la llena con serenidad estable y perpetua".
—**Joshep Addison**

"Asume una virtud si no la tienes".
—**William Shakespeare**

"Dame un hombre que canta en el trabajo".
—**Thomas Carlyle**

"Si quieres una cualidad, actúa como si ya la tuvieras. Intenta la técnica de 'como si fuera'".
—**William James**

"Si realmente queremos vivir, mejor comencemos de inmediato a intentarlo".
—**W. H. Auden**

"Usa tus debilidades; sueña con fuerza".
—**Laurence Olivie**

"Se intrépido, y fuerzas poderosas vendrán en tu ayuda".
—**Basil King**

"Las personas que dan el máximo rendimiento, son las que enfrentan cualquier circunstancia con la actitud de tener el poder para hacer que se resuelva de la forma que desean. No de vez en cuando sino con frecuencia, ellos pueden contar con sigo mismos".
—**Charles Garfield**

SEXTO PASO:

Crea el
hábito de
la tolerancia

Mantén una mente abierta hacia las personas. Trata de que la gente te agrade y acéptalos como son en lugar de exigir o desear que ellos sean como quieres que sean. Busca el bien en otros y aprende a disfrutar de la gente. Hace muchos años Napoleon Hill escribió el siguiente ensayo sobre la intolerancia:

"Cuando el ocaso de la inteligencia se esparza sobre el horizonte oriental del progreso humano, y la ignorancia y la superstición hayan dejado sus últimas huellas en las arenas del tiempo, quedará registrado en el último capítulo de los delitos del hombre, que su peor pecado fue el de la intolerancia.

La intolerancia más amarga crece de prejuicios religiosos, raciales y económicos y de diferencias de opinión. ¿Hasta cuándo, ¡oh! Dios, nosotros los pobres mortales entenderemos lo absurdo que es tratar de destruirnos unos a otros porque somos de diferentes religiones, creencias y tendencias raciales?

Nuestro tiempo asignado en esta tierra no es más que un momento fugaz. Como una vela, estamos encendidos, brillamos por un momento y luego menguamos. ¿Por qué no podemos aprender a vivir durante esta corta visita a la tierra de tal forma que cuando la gran caravana llamada muerte se detenga y anuncie que la visita ha terminado, estemos listos para recoger nuestras tiendas y en silencio salir hacia lo gran desconocido sin temor ni temblor?

Espero no encontrar judíos ni gentiles, católicos ni protestantes, alemanes, británicos ni franceses cuando haya cruzado la barca hacia el otro lado. Espero encontrar allá sólo almas humanas, hermanos y hermanas, todos sin marcas de raza, credo o color, porque deseo ser hecho sin intolerancia para poder descansar en paz por la eternidad".

El amor y afecto generan el ambiente mental y físico en el cual la AMP puede florecer. Todos los días, has una buena obra. Es un buen consejo para los niños exploradores, y es un buen consejo para nosotros.

Esta es una historia real: hubo en una escuela secundaria de Nueva Inglaterra un estudiante que era un excelente gimnasta. Iba rumbo a un campeonato, cuando pasó por cierto puente y vio rota la baranda. Se detuvo y vio un camión abajo en el río. El accidente acababa de ocurrir, el camión todavía se estaba hundiendo, y el conductor luchaba por salir.

### La horrenda cabeza de la intolerancia

Uno de los efectos más tristes de la intolerancia es que la gente que la ha experimentado a menudo la esparce sobre otro grupo. Los ejemplos de países como la antigua Yugoslavia nos muestran lo fácil que las actitudes intolerantes pueden dividir la sociedad.

## LAS CLAVES DEL PENSAMIENTO POSITIVO

> Una de las mejores maneras de ver lo irracional que es la intolerancia viene de examinar las antiguas actitudes sociales que alguna vez existieron. Por ejemplo, por muchos años se creía que nadie que fuera católico o que se hubiera divorciado podía ser elegido presidente de los Estados Unidos. Pero dos de nuestros presidentes más populares en la memoria reciente desafiaron esas creencias: John F. Kennedy era católico y Ronald Reagan se había divorciado.
>
> Asegúrate de no permitir que ideas intolerantes que haz absorbido de otras personas limiten tus propias ideas de lo que puedes lograr. Siempre debe haber una primera persona que cruce la barrera. ¿Por qué no puedes ser tú?

El joven estudiante de secundaria sólo se quitó los zapatos y se zambulló en las arremolinadas aguas. El conductor del camión estaba en pánico y no podía abrir la puerta. El estudiante le indicó con la mano al conductor que abriera la ventana pues el camión ya estaba casi completamente sumergido. El conductor bajó la ventana y el joven, con sus años de entrenamiento y ejercicio, usó cada músculo y porción de fuerza para sacar al conductor del camión. Llevó al conductor a la superficie y nadó a la orilla, salvando así la vida del conductor.

El gimnasta nunca llegó a la competencia estatal esa noche, pero eso no importó, porque de todas formas los funcionarios escolares lo habían excluido de la competencia porque tenía cabello largo. La moraleja: no juzga el carácter de un hombre por el largo de su cabello.

Los actos de bondad humana te preparan a ti y a otros para el crecimiento de la AMP. ¡Para ser feliz, haz a otros felices!

## APRENDE HACIENDO

### Crea el hábito de la tolerancia

El secreto para aceptar a las personas por lo que son es proceder como si ya lo hicieras. Piensa en una persona a quien se te dificulta aceptar y escribe a continuación su nombre:

Nombre: _____

Ahora pregúntate: si aceptara a esa persona tal como es, ¿cómo me comportaría? ¿Qué haría? Visualiza tu respuesta en términos concretos. Luego hazlo. La mayoría de personas permite que sus sentimientos los domine. Asume que no puede comportarse amorosa o tolerantemente, o como sea con alguien, hasta no haber invocado el correcto sentimiento de amor o tolerancia, o cualquier otro. Esto se hace al revés. ¡Tu nuevo entendimiento de una actitud mental positiva ahora te equipa para entender que estás equipado para controlar tus sentimientos! Puedes elegir proceder como si estuvieras sintiendo lo que deseas sentir. El aspecto intrigante para esto es que los sentimientos obedientemente llegan corriendo detrás.

## AUTOEVALUACIÓN

Considera las siguientes preguntas:

1. La oficina al lado de la tuya está ocupada por una gerente de ventas bulliciosa. Cada vez que alguno de sus representantes de ventas logra una meta, ella grita de alegría y hace un alboroto. Toda la oficina deja de trabajar y la mira. ¿Cuál es tu reacción?

    a. Mantienes la puerta de la oficina cerrada.

    b. Le dices que está interrumpiendo la disciplina de la oficina y le pides que encuentre otra forma de celebrar. Quizá ella puede enviarle un correo electrónico al representante de ventas.

    c. Haces algo reconociendo su entusiasmo, y compartes todo lo bueno que le suceda a ella.

2. Tu hijo anuncia que se ha comprometido con una joven, a quien conoces y te agrada, pero luego te enteras que sus padres están activamente comprometidos con un partido político a cuyos propósitos te opones completamente. ¿Cuál es tu reacción?

    a. Haces lo que puedas para evitarlos.

    b. Les dices que sería mejor que no compartieran ninguna de sus ridículas ideas contigo.

    c. Entablas amistad con ellos basado en lo que los une y ves que tienes una oportunidad de conocer personas con quienes de otra forma no habrías compartido nada.

3. En tu vecindario circula una petición para obligar a los funcionarios locales a hacer algo respecto a una casa al final de la calle en la que nunca podan el césped y se acumula la basura. ¿Qué haces?

   a. Te mantienes lejos de los problemas de otros y no firmas la petición.

   b. Firmas la petición.

   c. Ofreces hacerle una visita a tu vecino y explicarle lo que está molestando a las personas y preguntarle si hay algo que puedas hacer para ayudar a solucionar la situación antes de involucrar al gobierno.

4. Una nueva mujer pasa a ser parte de tu división. Hace bien su trabajo, pero otros empleados parecen evitarla tan pronto corre el rumor de que es lesbiana. ¿Cómo respondes?

   a. Ignoras el rumor.

   b. Le dices lo que los demás están diciendo y le sugieres que podría estar más feliz trabajando para otra empresa.

   c. La invitas a almorzar para conocerla mejor. Le dices lo complacido que estás con su trabajo y le pides que te haga saber si tiene algún problema adaptándose a la oficina.

La tolerancia puede ser un tema difícil, en especial en los tiempos tan polarizados en los que vivimos. No importa el tema, muchas personas tienen fuertes sentimientos que a veces nublan su buen juicio y no les permiten ver los temas en cuestión. Tener una AMP no significa que tienes que adoptar los principios de todos los que conozcas, sino que debes observar muy cuidadosamente tus reacciones hacia esas personas. Pregúntate a ti mismo: ¿mis sentimientos tienen algo que ver con la forma como interactúo con esta persona? ¿Será que determinado tema tiene que ver con vender cosas, ser un buen vecino o vivir por la Regla de Oro?

La tolerancia no es una parte pasiva de la AMP o de cualquier parte de la vida. Como lo mostró el ejemplo previo del reverendo Martin Niemoller en la Alemania Nazi, las fuerzas de intolerancia dependen de la inactividad de las personas buenas. Las previas respuestas "a" representan esa clase de respuestas. Pero, en el primer ejemplo, evitar una situación que te incomoda de hecho te quita la oportunidad de aprender de alguien más y de compartir los beneficios de un entusiasmo contagioso.

Nunca llegarás a algo como esa clase de entendimiento si intentas poner cuñas adicionales entre tú y las personas con quienes no estás de acuerdo. Lo mejor que puedes lograr con ellas es una tregua amigable, pero incluso eso será imposible si pones el reto que representan las respuestas "b". Toda tu interacción con ellas estará envenenada por la amenaza de la confrontación, y ésta es una manera segura de distraerte de los pensamientos positivos que necesitas cultivar para alcanzar tus metas.

La tolerancia no eliminará la posibilidad de que suceda el conflicto, pero si tus acciones son las típicas de las anteriores respuestas "c", les habrás mostrado a otros que los respetas. Puedes confiar en que también te respetarán. Ese simple intercambio abre un mundo de posibilidades en los que puedes trabajar con personas que de otra manera ni siquiera hablarías. Muy seguramente las diferencias de opinión entre ustedes permanecerán, pero quién sabe si puedas ganar suficiente respeto de parte de las otras personas como para hacer un converso a tu forma de pensar. Con la AMP, todo es posible.

**Bono:** el pequeño truco que aprendiste aquí también es la clave para el comentario bíblico "Ama a tu enemigo". ¿Cómo puedo amar a mi enemigo? Actuando como si ya lo amaras. Ama y el sentimiento vendrá luego. ¿Tienes algunos enemigos con quienes quieres intentarlo? Escribe el nombre abajo e inténtalo.

Nombre: _____

Al final del día, considera esta oración:

*¿Has alegrado o entristecido a alguien?*
*¿Qué hiciste con el día que tuviste?*
*Dios te lo dio para hacer lo que quisieras.*
*¿Hiciste lo malo o lo bueno?*
*¿Diste una sonrisa o sólo fruunciste el ceño?*
*¿Levantaste a alguien o lo derribaste?*
*¿Aliviaste la carga de alguien o impediste su progreso?*
*¿Buscaste una rosa o sólo recogiste hierba?*
*¿Qué hiciste con tu hermoso día?*
*Dios te lo dio.*
*¿Lo echaste a perder?*

(Autor Desconocido)

# PALABRAS DE LOS SABIOS

"Se necesita un hombre sabio para reconocer a un hombre sabio".
—**Jenófanes**

"Entiende que no debemos buscar mucho el ser comprendidos, sino comprender".
— **San Francisco de Asís**

"Haz todo el bien que puedas
Por todos los medios que puedas
De todas las maneras que puedas
En todos los sitios que puedas
En todos los momentos que puedas
A todas las personas que puedas
Siempre y cuando puedas".
—**John Wesley**

"Nada se pierde con la cortesía. Es el más barato de los placeres, no cuesta nada y transmite mucho. Complace al que la da y al que la recibe, y de esta manera, como la misericordia, es doble bendición.
—**Erastus Wiman**

"Una gran mayoría de personas piensa que está pensando cuando solamente está reorganizando sus prejuicios".
—**William James**

SÉPTIMO PASO:

# Hazte sugerencias positivas

Condiciona tu mente para que exprese una actitud mental positiva en todo momento. Debes entender que traduces los pensamientos y actitudes que tienes a la realidad física. Probablemente has escuchado el dicho "dime lo que piensas y te diré quién eres". Esto es un eco de la afirmación de William James "nos convertimos en lo que pensamos la mayor parte del tiempo".

Tu mente subconsciente puede comunicarse, y lo hará, con tu mente consciente. Conceptos, ideas, soluciones a problemas, todas estas cosas son ofertas esperando salir a tu conocimiento consciente. Y más, porque tu mente es una bodega de poderes conocidos y desconocidos. Tu consciente y tu subconsciente pueden trabajar juntos en armonía sólo si aprendes a afectar tu mente de forma inteligente. En su libro *Actitud mental positiva (Success Through a Positive Mental Attitude)*, Napoleon Hill y W. Clement Stone explican que a fin de mantener una actitud mental positiva intencionalmente, debes controlar los estímulos externos que reciba tu mente. Hay tres formas de control que puedes ejercer: sugestión, sugestión propia y autosugestión.

## Sugestión

Cualquier estímulo que llegue a tu cerebro por medio de tus cinco sentidos, vista, oído, tacto, gusto u olfato, es una forma de sugestión. Todos estos son medios por los cuales los elementos externos te influencian todos los días de tu vida. Todo con lo que tienes contacto queda registrado en tu subconsciente por los cinco sentidos. Mientras esté bajo tu control, procura que lo que entra por medio de tus cinco sentidos sea íntegro y gratificante. Toma tiempo para la belleza.

## Sugestión propia

La sugestión propia es el proceso en el que intencional y deliberadamente te estimulas a ti mismo en la manera de ver, escuchar, sentir, gustar u oler. Usa imágenes mentales o pensamientos como una forma de sugestión propia. En "sugestión" se te sugirió buscar que lo que entra por medio de tus cinco sentidos sea íntegro y gratificante. Probablemente pienses: "Pero el mundo tiene una fealdad inevitable en sí". Es ahí donde la sugestión propia puede entrar en juego, y la filosofía de AMP que la respalda: busca el bien en todo lo que veas o escuches, o gustes o huelas, o sientas. Entre más intencionalmente te repitas este mensaje, y más emoción y confianza le impregnes, se implantará en tu mente subconsciente más efectivamente. Al conformar exitosos patrones de pensamiento, puedes poner la misma gran verdad a funcionar para ti como lo han hecho muchas personas exitosas.

¿Las personas exitosas tienen algo como un secreto especial para la vida? Buscan el lado divertido de las cosas. De aquí en adelante tú también lo harás. De aquí en adelante te reirás de tus defectos. De aquí en adelante te rehusarás a tomarte demasiado en serio. De aquí en adelante cultivarás constantemente tu sentido del humor al encontrar algo para reír cada día cuando sientas la necesidad de relajarte de las tensiones. De aquí en adelante tratarás de atraer nuevos amigos con una actitud más alegre. De aquí en adelante usarás el humor como ayuda para solucionar tus problemas.

## Autosugestión

La autosugestión es la transmisión y comunicación de información almacenada en la mente subconsciente, de vuelta a la mente consciente. Esta información vuelve a ti en la forma de ideas, sueños, sentimientos, conceptos, principios, soluciones y pensamientos. Cuando deliberadamente alimentas tu mente con pensamientos e información buenos e íntegros, y te mantienes dentro del adecuado marco mental, alimentas el subconsciente con material que te va a alimentar de nuevo a ti. Tú condicionas lo que tu mente produce con lo que le introduces.

Los programadores de computadores tienen el acrónimo BEBS, que significa Basura Entra, Basura Sale. Si se le introduce mala información a un computador, éste producirá mala información. Tu mente funciona de la misma manera. Haz que tu programación mental funcione en la base de NENS: Nutrición Entra, Nutrición Sale. Y el resultado es el mantenimiento automático de una actitud mental positiva.

## Visualiza tus ganancias

Bob Paris es campeón mundial de fisicoculturismo, ex Mr. Olympia y alguien que reconoce la máxima de Napoleon Hill en la introducción a uno de sus libros de entrenamiento: "La mente puede lograr todo lo que pueda concebir y creer".

Paris incorpora el poder de la sugestión propia y la autosugestión en sus rutinas de ejercicios, e insiste en que son importantes para todo el que quiera lograr un máximo beneficio del esfuerzo que hace en el entrenamiento. "Deberías aprender los ejercicios perfectos y sentir que el músculo está ejercitándose", dice. Esto lo llama "encontrar" el músculo, para que en su contracción máxima se enfoque en el trabajo que está haciendo, literalmente visualizando cómo crece y se fortalece.

Paris aconseja, "Cuando no encuentres tu músculo durante tu ejercicio, detente... para volver a estar en contacto con el sentimiento correcto". Es un buen consejo para todo lo que haces con AMP.

# APRENDE HACIENDO

### Hazte sugerencias positivas

La sugestión, la sugestión propia y la autosugestión, son cuestión de hábitos aprendidos por atención. La sugestión y la sugestión propia son los nuevos hábitos que vas a construir, son alimento para el alma. La autosugestión es la que requiere atención: aprender a gozarse cuando tu actitud mental positiva resulta en un nuevo pensamiento o sentimiento. Practica cada una a diario.

Sugestión: haz que sea una regla darle gusto a uno de tus cinco sentidos con algo positivo y valioso cada día. Estudia una flor. Visita una pastelería y aspira el aroma. Ve a un concierto o escucha algo hermoso en la radio. Gusta todo el sabor del pan como si fuera el único alimento que fueras a tener en el día. Siente la textura de la corteza de un árbol. ¿Qué harás hoy para nutrir tus sentidos con alimentos positivos?

Sugestión: _____
_____

Autosugestión: La conciencia constante es la habilidad que necesitas cuando se trata de la autosugestión. Muchas personas dan por hecho las ideas, conceptos, soluciones y buenos sentimientos, pero tú no. Tú te vas a alegrar. Oye, esa es exactamente la clase de persona que eres. Conserva un registro del desarrollo de una actitud mental positiva en ti: ¿Con qué "buena comida" se ha alimentado tu subconsciente hoy?

Autosugestión: _____

_____

## AUTOEVALUACIÓN

Considera las siguientes situaciones:

1. Acabas de enterarte que el ascenso que tanto deseabas ha sido otorgado a otra persona. ¿Cómo reaccionas?

    a. Vuelves a lo que estabas haciendo en tu lugar de trabajo lo más pronto posible. No te quedas pensando en la derrota.

    b. Consideras renunciar o por lo menos buscar un empleo en el que tus esfuerzos sean apreciados.

    c. Felicitas a la otra persona, luego pasas algo de tiempo recordándote a ti mismo todas las cosas que han salido como deseabas al revisar tu registro de logros.

2. La discusión que tuviste esta mañana con tu cónyuge se salió de las manos y los dos dijeron cosas desagradables. Al final del día eres el primero en llegar a casa. ¿Cómo reaccionas cuando llega tu pareja?

   a. Pretendes que nada anda mal.

   b. Insistes en acallar las cosas lo más pronto posible.

   c. Sugieres una cena tranquila en un sitio que los dos disfrutan para recordarse a sí mismos que son compañeros que comparten muchas cosas buenas.

3. Has aceptado ser acompañante en una salida del grupo juvenil de tu iglesia, pero en el último minuto te enteras que la salida tiene que ver con patinaje. Nunca has patinado en tu vida. ¿Cuál es tu actitud?

   a. Llegas listo para caerte.

   b. Te retractas del compromiso.

   c. Rentas un par de patines unos días antes de la salida y practicas un poco en el garaje de tu casa.

4. Es tu primer día en tu nueva oficina. ¿Qué pones en la pared que logres ver con más facilidad?

   a. Tu diploma.

b. ¿La descripción de tu trabajo?

c. Tu lista de auto-motivadores y pensamientos de refuerzo.

Siempre debes tener la seguridad de darte el estímulo adecuado para tener una AMP. En cualquier situación, como en las respuestas "a", parece valiente no admitir que necesitas algo de refuerzo o ánimo, pero esto solamente te deja vulnerable cuando suceden adversidades. La AMP no es una actitud mental pasiva sino activa.

También debes cuidarte de hacerte cualquier sugestión de que vas a fallar o decepcionarte. Las respuestas "b" siempre son formas de decirte a ti mismo que el fracaso está a la mano y entre más lo busques, más fácil será encontrarlo.

Las respuestas "c" representan tomar el control de una situación para estimular tu mente a pensar en el éxito, en tu habilidad de lograr cosas, para salir airoso y conquistar las complicaciones. Los pesimistas pueden ignorarlas, pero con sólo algo de experiencia en AMP, sabrás que eres capaz de lograr cualquier tarea que te pongas.

**Bono:** conserva un registro de cada vez que notes la autosugestión obrando en ti. Puedes dar una solución a un problema o una idea para una nueva actividad. A medida que crezca tu registro, tendrás evidencia de cómo tu actitud mental afecta tu progreso hacia el éxito.

## PALABRAS DE LOS SABIOS

"Si tratas a una persona tal como es, seguirá siendo igual, pero si la tratas como quien debiera ser, llegará a ser lo que debería ser".
—**Johann Goethe**

"La felicidad humana no la producen los grandes momentos de buena fortuna que rara vez suceden, sino las pequeñas ventajas que ocurren todos los días".
—**Benjamin Franklin**

"Pon energía, fuerza, vitalidad en cada movimiento de tu cuerpo. Haz que tu atmosfera sea la de alguien que está decidido a defender algo y ser alguien... Atrévete a salir de la multitud e iluminar tu propio camino".
—**Orison Swett Marden**

"Estás en capacidad de lograr con AMP lo que tu mente quiera concebir y creer".
—**Napoleón Hill**

"Aspira a la grandeza. Cada uno de nosotros recorrerá sólo una vez el camino de la aventura de la vida, pero una vez es suficiente si lo haces bien".
—**J. Warren McClure**

"¿Qué intentarías hacer si supieras que no debes fallar?".
—**Robert Schuller**

"Mi filosofía es que sólo tú eres responsable por tu vida, pero hacer lo mejor ahora, te pone en la mejor posición para el siguiente momento".
—**Oprah Winfrey.**

OCTAVO PASO:

# Usa el poder de la oración

Puedes tener dudas respecto a la existencia de Dios, o incluso estar convencido de que no existe. Pero sólo se necesita algo de experimentación optimista para que creas en el poder de la oración.

No importa qué nombre le des al poder superior al cual le ores, incluso si es solamente el universo, mientras admitas que todo el mundo está establecido según un proceso ordenado. Ves este proceso en el hecho de que el sol sale, los robles crecen a partir de bellotas y no de semillas de manzana, y que los planetas, el sol y las estrellas se mueven por la vasta inmensidad del espacio en una manera regular y predecible.

Una vez reconozcas el orden del mundo, verás que puede entenderse, y por lo tanto puede cambiarse al proceder de acuerdo a sus reglas. La oración es el proceso por el cual reconoces tu lugar en ese orden y comienzas a prepararte para cambiarlo. Si reconoces a Dios y su benevolencia, mucho mejor. Pero incluso si lo dudas, y esa duda no durará mucho, aún así te prepararás para el logro por medio de la oración como el ejemplo a continuación:

"Oh Padre, escucha mi oración de mañana
Impárteme tu ayuda
Que yo logre hacer mi vida hoy
Aceptable a ti
No pido escoger mi camino
Señor, bendíceme en el tuyo para mí
Inspira cada pensamiento y
Hazme una bendición hoy
Ayúdanos a hacer las cosas que deberíamos
Para ser amables y buenos para los demás
En todo lo que hagamos, en el trabajo, en el juego,
Que seamos más amorosos cada día.
"Por lo demás, hermanos, todo lo que es verdadero,
todo lo honesto,
todo lo justo,
todo lo puro,
todo lo amable,
todo lo que es de buen nombre;
si hay virtud alguna,
si algo digno de alabanza,
en esto pensad".

Cuando ores, ten fe y cree en lo que pides. Qué asilo tiene un alma en la oración en medio de cada tormenta.

El arzobispo User predicaba: "Tenemos la seguridad de que seremos escuchados en lo que oramos porque oramos a ese Dios que escucha la oración y ese es el premio de todo el que se acerca a él".

Cree que el Todopoderoso quiere escuchar todo lo que está en tu mente sin importar lo pequeño o grande que parezca el asunto. Nuestra oración y la Misericordia de Dios son como dos baldes en un pozo, mientras uno asciende, el otro desciende. La oración es un escudo para el alma, un sacrificio a Dios y un castigo para Satanás.

## LAS CLAVES DEL PENSAMIENTO POSITIVO

### El poder creativo de la oración

Mel Ziegler fue uno de los fundadores de la cadena de almacenes de ropa Banana Republic, y luego de la muy exitosa compañía llamada The Republic of Tea, la cual cambió la manera en que los americanos piensan respecto a esta antigua bebida y en su forma de tomarla.

Ziegler, en dos oportunidades ha encontrado y remontado olas de cambio en los gustos de los consumidores. Algunos opinan que él es creador de tendencias. Pero escucha lo que él tiene que decir respecto a la inspiración y considera lo cercano que está de la oración.

"La creación es una proyección de algo que ya existe...," escribe. "El gran misterio que conocemos como 'proceso creativo', de hecho es la pasión de lo que no ha nacido, en su búsqueda de un lugar amigable donde nacer".

Al abrirte al poder de la oración, ¿qué ideas estarán naciendo en tu mente?

Además, debemos recordar que "no" también es una respuesta a la oración. "Ora a tu Padre que está en lo secreto, y tu Padre que ve en lo secreto, te recompensará en público". El tiempo que pasas de rodillas en oración funciona más para remediar las tensiones del corazón y las preocupaciones nerviosas que para cualquier otra cosa. El corazón sencillo que pide con libertad en amor, recibe.

Como un eco en un castillo en ruinas, la oración es un eco de las dulces promesas de Dios en las ruinas del alma humana. Ir a lo profundo de tu ser, como lo haces cuando oras, es lo que abre la bodega de la eternidad que está en ti. Puedes y recibirás dirección de Dios. Llámalo introspección si es necesario, pero la verdad es la misma.

Cuando alguien le preguntó en una ocasión a Henry Drummond cómo puede alguien conocer la voluntad de Dios, Drummond abrió su Biblia y leyó estas instrucciones en la hoja de guarda:

PRIMERO, ora.

SEGUNDO, piensa.

TERCERO, habla con personas sabias pero no tomes sus opiniones como definitivas.

CUARTO, ten cuidado de poner primero tu voluntad, pero no temas hacerlo. Dios nunca frustra la naturaleza y los gustos de un hombre. Es un error pensar que Su voluntad siempre está en la línea de lo desagradable.

QUINTO, entre tanto, haz lo que sigue, porque hacer la voluntad de Dios en las cosas pequeñas es la mejor preparación para hacerla en las cosas grandes.

SEXTO, cuando se necesiten la decisión y la acción, procede.

SÉPTIMO, probablemente no sabrás hasta después, con seguridad, mucho después, que has sido dirigido en todo.

Las oraciones que logran el mayor beneficio en ti, son las que haces creyendo con certeza que serán respondidas.

## APRENDE HACIENDO

### Usa tu poder de la oración

El predicador episcopal Sam Shoemaker presentó un plan, ahora llamado el *Experimento Pittsburg*, en los años 1950. Él y un grupo de hombres de negocios se reunían con frecuencia. Algunos de ellos creían en Dios, otros eran agnósticos, otros categóricamente no creían. Shoemaker le pidió a cada uno de ellos que se unieran a él con una mente abierta, por treinta días, para un experimento que abordaría la pregunta en cuanto a si Dios existía y si se interesaba por el bienestar de las personas. Durante ese tiempo le sugirió a cada hombre que iniciara su día con esta oración:

"Buenos días Dios. ¿Qué tienes para mí hoy? Quiero ser parte de eso".

Luego Shoemaker le pidió a cada hombre que estuviera muy atento frente a lo que sucedía, con una mente abierta a la posibilidad de que una evidencia de Dios en sus vidas realmente surgiría. Todos estos hombres, al final del "experimento" de treinta días, tuvieron resultados positivos. Cada uno de ellos estaba seguro de haber visto evidencia de Dios en sus vidas.

Intenta la oración del *Experimento Pittsburgh* por ti mismo, creyendo que será contestada. Así será. Puedes llevar un diario de treinta días con las actividades de Dios en tu vida.

## AUTOEVALUACIÓN

Considera las siguientes situaciones:

    a. ¿Cuál es el enfoque de tu rutina cada mañana antes de ir al trabajo?

    b. Vestirte y comer con rápida eficiencia.

    c. Mentalmente repasas los problemas potenciales que enfrentarás durante el día.

    d. Pasar tiempo en oración reflexiva, dando gracias por las oportunidades que se te han presentado y buscando sabiduría para sacar el mejor provecho de las mismas.

1. Tú y tu cónyuge han estado considerando la compra de una nueva casa. La decisión limitará sus recursos pero crees que será un buen movimiento financiero. Los dos han pasado mucho tiempo en oración contemplativa. Luego surgen una serie de eventos que parecen sugerir que la compra generaría mayor presión de lo que pensabas: las tasas de interés aumentan, las casas alrededor de la tuya se están vendiendo a precios más bajos y la compañía de tu cónyuge anuncia reducción de personal. ¿Qué decides?

    a. Lanzas una moneda.

    b. Procedes de inmediato con la compra antes de que otra cosa salga mal.

c. Decides que lo más sabio es esperar hasta estar en una mejor posición para poder pagar una nueva casa.

2. Has orado fervientemente por una nueva escuela en tu vecindario, aunque el distrito local tiene poco dinero para una nueva construcción. En tu corazón estás convencido de que la nueva escuela es importante y necesaria. ¿Qué pasos tomas?

   a. Confías en que tus oraciones serán contestadas.

   b. Amenazas con una campaña de revocación contra los miembros de la junta si no votan por una nueva escuela.

   c. Organizas un grupo de padres y ciudadanos interesados para hacer antesala para la escuela y presentar evidencia de su importancia a la junta.

3. De repente te ves promovido a jefe de una desorganizada división de tu compañía. Hay mucho trabajo para hacer y habrá mucha resistencia. ¿Cómo moldeas tus oraciones?

   a. Usas la misma fórmula que siempre has tenido.

   b. Oras por victoria sobre quienes se te oponen.

   c. Expresas gratitud por la oportunidad y la responsabilidad que se te ha dado y pides sabiduría para sacar lo mejor de ella.

El poder de la oración tiene dos caras. Por un lado, te abres a la sabiduría de una autoridad superior, la inteligencia infinita que ordena el universo. El aspecto contemplativo de la oración te permite ver soluciones y encontrar la sabiduría que una vez parecieron estar más allá de tu alcance. En este sentido, el poder de la oración es externo, porque te trae cosas que en este momento no tienes.

El poder interno de la oración es el efecto que tiene en tu mente. Al adoptar una actitud agradecida y optimista en tus oraciones, refuerzas el poder de autosugestión que aprendiste en el séptimo paso. Si comienzas tu día con oraciones y vuelves a ellas varias veces durante el día, conectas esta autosugestión a la fuerza más poderosa del universo: la gran Inteligencia que lo creó.

Las primeras dos respuestas "a" no reconocen la existencia básica de este poder. Debes dedicar tiempo a la oración cada día. Si al comienzo parece una tarea separar unos momentos, pronto verás que agradeces la calma y concentración que da la oración, incluso en medio de una frenética mañana. Y tan pronto acojas la oración, reconocerás lo tonto que es tomar decisiones al azar cuando tienes la sabiduría de la creación a la mano.

El poder dinámico de la oración también requiere que no se ejerza como rutina. Las segundas dos respuestas "a" caen en el error de simplemente asumir que aquello por lo que oras sucederá solamente porque oraste por eso. Debes adaptar tus oraciones clara e intencionalmente a tus circunstancias cambiantes, y debes estar dispuesto a actuar en busca de las cosas por las cuales oras. La AMP requiere que estés dispuesto a trabajar y a tomar riesgos para lograr cualquier cosa. Tus oraciones nunca deberían ser una lista de deseos; más bien deberías hacer de ellos una lista de trabajo respecto a retos que estás preparado a afrontar.

Es sabio e importante orar por ayuda para superar obstáculos, pero es tonto hacer que tus oraciones sean un tiempo para concentrarse en lo que no quieres que suceda. Las anteriores respuestas "b" representan un mal uso de la oración y lo que esperas ganar con ésta. Nunca intentes pedir venganza sobre tus enemigos o recordarle a la infinita inteligencia (y a ti mismo) qué puede salir mal en tu día.

Las reacciones "c" representan el enfoque apropiado a la oración y las respuestas que esta trae. Si siempre adoptas una actitud de acción de gracias por las bendiciones que ya has recibido, será más fácil para ti reconocer cuando la oración te dice que el momento no es el correcto para una elección en particular. Cualquier decepción que sientas estará en la perspectiva correcta cuando enmarcas tus oraciones como un recordatorio de los beneficios que ya disfrutas.

**Bono:** las siete sugerencias de Henry Drummond para conocer la voluntad de Dios también pueden funcionar para ti.

PRIMERO, ¿por qué asunto vas a orar?

_____

_____

SEGUNDO, después de haber orado, ¿qué pensamientos han venido a tu mente al respecto?

_____

_____

TERCERO, ¿qué te han dicho las personas sabias con quienes has hablado al respecto?

_____

_____

CUARTO, ¿cuáles son tus propias inclinaciones en este sentido?

_____

_____

QUINTO, entre tanto, ¿cuál es la "siguiente cosa" para hacer?

_____

_____

SEXTO, ¿hay algunas decisiones o acciones que se sugieran por sí solas?

_____

_____

SÉPTIMO, mira qué sucede (y haz un registro de celebración de eso aquí).

_____

_____

## PALABRAS DE LOS SABIOS

"El que ama poco, ora poco. El que ama mucho, ora mucho".
—**San Agustín.**

"La oración es abrir el alma a Dios de forma sincera, sensible y afectuosa".
—**John Bunyan**

"Muchas veces he sido impulsado a ponerme de rodillas por la sobrecogedora convicción de que no tengo a donde más ir. Mi propia sabiduría y todo lo demás en mí, parecía insuficiente para ese día".
—**Abraham Lincoln**

"Permite que la oración sea la llave de la mañana y el cerrojo de la noche".
—**Mathew Henry**

"La oración es la puerta al cielo".
—**Thomas Brooks.**

"Para el hombre es tan natural orar que no hay teoría que le evite hacerlo".
—**James Freeman Clark**

"La oración es el primer aliento de la vida divina, es el pulso del alma creyente".
—**T. Scott.**

"No importa qué le clamemos a Dios, también trabajemos por eso". —**Jeremy Scott**

"En la oración, como en la poesía, todo el contenido debería estar acondicionado por el corazón".
—**Edward Payson**

"Tu mayor poder recae en el poder de la oración".
—**W. Clement Stone**

NOVENO PASO:

# Traza metas

Depende de ti el decidir qué quieres de la vida. Cuando decides, tienes la habilidad para tomar el control de tu mente y usarla para alcanzar las metas que elijas. Y literalmente vas a lograr cualquier cosa, mientras lo que te propones no viole la ley de Dios o los derechos de otros. Experimenta lo emocionante de saber que puedes lograr cualquier meta u objetivo que te propongas cumplir.

Trazar metas es una forma de mantener tu mente en las cosas que deseas y lejos de las que no deseas, que es lo recomendado en el segundo paso. Debes aprender a trazar metas de corto y largo plazo, a diario. Esto es muy importante. Escríbelas en una hoja de papel y visualízate alcanzándolas. Constantemente refiérete a ellas en una manera expectante y positiva.

El punto de inicio para lograr metas se encuentra en la palabra de seis letras "D-E-S-E-A-R":

- Determina
- Evalúa
- Selecciona
- Especifica
- A diario
- Repite

## Toma la decisión

En su libro, *Piense y hágase rico (Think and Grow Rich: A Black Choice)*, Dennis Kimbro y Napoleon Hill señalan lo importante que es tener una meta para hacer algo con tu vida. Entre los ejemplos que citan:

- Gwendolyn Brooks no logra recordar un momento en el que no hubiera querido ser poeta. A los quince años ya publicaba poemas y ganó el reconocimiento que siguió creciendo porque fue la primera persona de raza negra en ganar el premio Pulitzer.

- Florence Griffith-Joyner quedó en el segundo lugar de los juegos olímpicos de 1984. Decidió que eso no era suficiente y se trazó la meta de ganar tres medallas de oro en los siguientes juegos. Lo hizo, e impuso records mundiales en cada una.

Puedes decirte a ti mismo que vas a ser alguien, pero hasta que no definas exactamente qué quiere decir eso, sólo vas a ser la misma persona que ya eres.

D-E-S-E-A-R es el método que utiliza para trazar y lograr cualquier meta que elijas. Determina y fija tu mente EXACTAMENTE en lo que deseas. Se específico. Evalúa y determina EXACTAMENTE lo que darás a cambio. Selecciona una fecha definida en la cual pretendes tenerlo. Especifica tu deseo con un plan definido para llevarlo a cabo y lograr tu objetivo. Pon tu plan en acción de una vez. Te recomiendo que memorices las palabras en este instante y las repitas cincuenta veces en la mañana, cincuenta veces en la noche, a veces durante el día, con entusiasmo y con rapidez, por una semana o diez días hasta que queden arraigadas en tu subconsciente. Luego, en momentos de necesidad te pondrás en acción de inmediato.

El éxito lo alcanzan quienes lo intentan. Donde no hay nada que perder al intentarlo y mucho que ganar si se tiene éxito, inténtalo a toda costa... ¡HAZLO AHORA!

A diario, en la mañana y en la tarde lee en voz alta la afirmación escrita. A MEDIDA QUE LEES, VISUALÍZATE POSEYENDO TU OBJETIVO. MÍRALO. SIÉNTELO. CRÉELO.

Repite tu plan escribiéndolo paso a paso. Escribe clara y concisamente EXACTAMENTE lo que deseas, EXACTAMENTE cuándo quieres lograrlo y EXACTAMENTE qué pretendes dar a cambio. Se preciso, la ambigüedad es el sonido lúgubre de las campanas de una meta no alcanzada.

## APRENDE HACIENDO

### Traza metas

Traza una meta ahora mismo. Al hacerlo, sigue la fórmula D-E-S-E-A-R que acabas de aprender.

Determina: ¿Qué deseas? Se claro.

Evalúa: ¿Qué darás a cambio?
_____
_____

Selecciona una fecha: ¿Cuándo tendrás lo que deseas?
_____
_____

Especifica: Haz un plan. ¿Qué harás de una vez?
_____
_____

A diario, en la mañana y en la tarde lee en voz alta la afirmación escrita. Visualízate poseyendo ya tu objetivo a medida que lees.

Repite tu plan escribiéndolo paso a paso. (A lo mejor necesites más espacio del aquí permitido).

Paso 1. _____
Paso 2. _____
Paso 3. _____
Paso 4. _____
Paso 5. _____

## AUTOEVALUACIÓN

Responde las siguientes preguntas:

1. ¿Cuál describe mejor tus metas?

a. En realidad no las puedo describir.

b. No ser despedido, evitar la quiebra, no enfermarme, minimizar el conflicto en casa.

c. Un plan claro para mi avance profesional, objetivos financieros definidos, una actividad permanente para mejorar mi salud, un mayor y más profundo compañerismo con mi cónyuge.

2. ¿Qué estás haciendo para lograr tus metas?

    a. Fantaseando respecto a cómo sería la vida.

    b. Luchando para no perder la estabilidad y enfrentando cualquier crisis cuando esta surja.

    c. Siguiendo un plan escrito, el cual reviso a diario, que señala pasos inmediatos, de mediano y de largo plazo.

3. ¿Qué esperas dar a cambio de lograr tus metas?

    a. Ni idea.

    b. Lo menos posible, ya que ha sido difícil llegar tan lejos. Necesito enriquecerme pronto.

    c. Lo que más pueda de tiempo, energía, devoción, servicio a mi comunidad y otras cosas que se requieran.

4. ¿Cuándo fue la última vez que revisaste tus metas?

    a. No puedo revisarlas porque no están trazadas.

b. En medio de la última crisis.

c. Hoy, como lo hago todos los días.

En ninguna parte es más evidente la debilidad de una actitud pasiva hacia la vida que en el desgaste que viene como resultado de no trazar metas. No llegarás a ninguna parte en la que nunca has estado sin planear tu viaje. Cualquiera de las anteriores respuestas "a" debería explicarte de inmediato por qué estás insatisfecho con tu situación actual en la vida. ¿Cómo te quejas de que las cosas no te agradan si no sabes qué es lo que realmente deseas?

La trampa en la que muchas personas caen es en decirse a sí mismas que tienen metas, y luego expresarlas en términos negativos. Como ya aprendiste, concentrarte en lo que no quieres que suceda casi asegura que suceda. Las primeras dos respuestas "b" ilustran esta clase de actitud mental negativa.

Como con la oración, también debes reconocer que incluso las metas expresadas de manera positiva no se logran sólo deseando. Debes tomar parte activa en su ejecución y estar dispuesto a dar algo a cambio por lo que esperas ganar. Ya sea que te hagas inmensamente adinerado como Henry Ford al proveer automóviles a toda una nación, o que logres mucha fama como Henry Fonda al ofrecer entretenimiento extraordinario, debes dar para poder recibir. Esta es la lección de la tercera respuesta "b".

La cuarta respuesta "b" resalta la importancia de mantenerte enfocado en tus metas. Todos los días tomarás muchas decisiones que afecten su posible realización. Para hacer esto mejor, con frecuencia debes recordarte a ti mismo cuáles son tus metas para que actúes en su búsqueda.

Las respuestas "c" representan la perspectiva dedicada a vivir lo que las metas trazadas con AMP dan. Sabes y concentras tus pensamientos en lo que deseas. Tienes un plan para lograr tus ambiciones y lo revisas con frecuencia. De esta manera, todas tus acciones y oraciones te mueven hacia adelante, hacia el objetivo elegido.

Es probable que en muchos puntos de tu vida consideres cambiar tus metas. No te angusties cuando esto suceda. Todos ganamos sabiduría y encontramos oportunidades que nunca soñamos que existieran. Si eres consciente de lo que deseas y sabes por experiencia que vas a ir tras eso, podrás analizar esas oportunidades y si las eliges, acógelas con confianza. Esa es la esencia de la AMP.

**Bono:** conserva un pedazo de papel en tu bolsillo con tus metas escritas para ese día. Será un recordatorio cada vez que tengas que sacar tu dinero o tus llaves. ¿No tienes bolsillos? Entonces mantenla donde la encuentres con frecuencia durante el día.

## PALABRAS DE LOS SABIOS

"Un peregrinaje de mil millas comienza con un solo paso".
**—Lao-Tzu**

"Y todo lo que hagáis, hacedlo de corazón".
**—Colosenses 3:23**

"Toda obra noble en principio es imposible".
**—Thomas Carlyle**

"Lo más importante en este mundo no es tanto dónde estamos, sino en qué dirección nos vamos moviendo".
 **—Oliver Wendell Holmes**

"Cuatro pasos para el logro: planea con propósito, prepara con oración, procede con positivismo, persigue con persistencia".
**—William A. Ward**

"La mayoría de la gente no planea fallar; falla en no planear".
 **—John L. Beckley**

"Hay riesgos y costos para un programa de acción, pero son mucho menores que los riesgos de largo alcance y que los costos de la cómoda inactividad".
**—John F. Kennedy**

"Las vidas importantes son motivadas por propósitos dinámicos".
**—Kenneth Hildebrand**

"Debes ser muy cuidadoso si no sabes hacia dónde te diriges, porque es probable que no llegues allá".
**—Yogi Berra.**

"Siempre quise ser alguien, pero debí haber sido más específica".
**—Lily Tomlin**

DÉCIMO PASO:

# Estudia, piensa, y planea a diario

Te debes a ti mismo el desarrollar y conservar una actitud mental positiva a fin de recibir de la vida todo lo que deseas.

Un caballero se me acercó y me dijo que tenía muchos problemas. Era muy infeliz aunque era exitoso en la venta de seguros para una gran compañía oriental. Le pregunté si tenía libros motivacionales de autoayuda, y su respuesta fue que sí tenía esa clase de libros en su biblioteca.

Luego le pregunté, "¿Los lee?"

"No. No tengo el tiempo", dijo.

Ahora, lo interesante es esto: la persona exitosa tomará tiempo para hacer lo importante, especialmente, para leer y estudiar libros de autoayuda a fin de desarrollar, ya sea riqueza financiera, éxito en su negocio o vocación en particular, o la adquisición de buena salud física, mental o moral.

Para lograr esto es importante que CADA DÍA pases tiempo a solas. Esto quiere decir por lo menos quince a veinte minutos en los que:

1. Pienses en tus metas.... con AMP.

2. Inspecciones tus actitudes... con AMP.

3. Inspecciones tus acciones y tus pensamientos... con AMP.

4. Leas material inspirador, de autoayuda y acción, así sea sólo un párrafo, una página, o un capítulo... con AMP.

5. Tomes tiempo para estudiar, pensar y planear... con AMP.

## APRENDE HACIENDO

### Estudia, piensa, y planea a diario

Alístate para toda una vida de emociones con AMP. ¿Qué vas a estudiar? Primero, lee un libro o un artículo, o un editorial motivacional y de acción para la autoayuda, o escucha un audio motivacional. Todo lo que necesitas es tomar quince minutos o si quieres, sólo un capítulo corto, pero procura entender lo que el autor está tratando de decir. Usa un diccionario si es necesario. Identifica qué principios pueden aplicarse a ti. Memoriza los automotivadores que creas que te ayudarán. Selecciona un entorno en el que puedas concentrarte sin ser interrumpido. Ten a la mano hojas y un lapicero. También prepárate para el futuro teniendo un cuaderno de notas permanente en el que escribas decisiones, automotivadores e ideas que deberían estudiarse con frecuencia. (Si no te llegan otras ideas, este libro te proveerá una rica fuente para que las disfrutes en lecturas repetidas. También hay algunas sugerencias en la sección de lecturas recomendadas al final).

Mi primer recurso de estudio será:

W. Clement Stone una vez me dijo que la diferencia entre un libro de autoayuda y una novela es esta: en una novela, el autor escribe la conclusión, en un libro de autoayuda, el lector escribe la conclusión con la acción que toma.

Prepárate para escribir tu propia historia de éxito. Encuentra y separa el tiempo. Busca el mejor momento del día para apartarte y estudiar, pensar y planear.

Mi tiempo para estudiar / pensar / planear será...

## AUTOEVALUACIÓN

Pregúntate lo siguiente:

1. ¿Qué compromiso he hecho para separar tiempo a diario para estudiar, pensar y planear mi progreso hacia lo que quiero?

    a. Ninguno.

    b. Tomo tiempo cuando puedo encontrarlo.

    c. Tengo un período diario en el cual estoy lo más libre posible de las distracciones.

2. Tus amigos te invitan a reunirse al final de un frenético día. Habías planeado dedicar tu tiempo libre para estudiar, planear y pensar. ¿Qué haces?

   a. Vas con ellos.

   b. Te dices a ti mismo que lo que realmente necesitas es relajarte un poco, en lugar de más concentración.

   c. Aceptas reunirte con ellos después de pasar el tiempo que necesitas en estudio ya que reconoces que después de un día difícil, lo que más necesitas hacer es reafirmar tu compromiso con tus metas y fortalecer tu determinación.

3. ¿Cómo seleccionas tu material de lectura?

   a. ¿Cuál material de lectura?

   b. Buscas cualquier cosa que te dé un escape de las presiones de tu rutina diaria.

   c. Seleccionas una variedad de cosas, incluyendo biografías, libros motivacionales, libros o audio de autoayuda, análisis de actualidad y excelente literatura.

4. Cuando terminas de leer algo, ¿qué haces luego?

   a. Descansas.

   b. Pasas a la siguiente cosa lo más pronto posible.

   c. Tomas tiempo para considerar las implicaciones de lo que has encontrado y dónde ellas van

## LAS CLAVES DEL PENSAMIENTO POSITIVO

a tener consecuencias en tu vida. Tomas notas en tu diario sobre perspectivas que has ganado, o citas particularmente importantes de la obra.

Si adoptas la decisión de tomar tiempo para estudiar y planear con una AMP, casi de inmediato verás cómo este tiempo te da tremendos beneficios. Parecerá complicado al comienzo, pero recuerda lo que dijo Thomas Edison: "La mayoría de personas no reconoce la oportunidad porque viene vestida con overoles y parece trabajo".

Las anteriores respuestas "a" representan una completa evasión de la emoción y la satisfacción que vienen de un tiempo manejado cuidadosamente. ¿Por qué alguien querría evitar pensar en las cosas buenas que le suceden? Si alguien te dijera que tienes la posibilidad de duplicar tu conocimiento actual en veinte minutos al día, ¿no tomarías esos veinte minutos? Claro que sí.

Pero debes hacer un compromiso con el tiempo que necesitas. Es parte fundamental de lo que Dennis Conner llamó "el compromiso con el compromiso". Las respuestas "b" demuestran que hay toda clase de distracciones y excusas que encontrarás para evitar el tiempo dedicado que necesitas para expandir tu mente. Si no haces y mantienes tu compromiso, encontrarás que los beneficios que deberías estar cosechando te evadirán, dándote otra excusa para descuidarte en las promesas que tú mismo te has hecho.

La clave para hacer que el tiempo que tomes para estudiar y planear valga la pena, está en retarte a ti mismo. Explora nuevos mundos, nuevas filosofías, que arrojen nueva luz sobre tu situación. Hay infinidad de maneras de hacerlo. ¿Hay algún campo de aprendizaje que siempre te atrajo, pero que nunca exploraste? ¿Por qué no comenzar ahora? No siempre debe parecer que tendrá un beneficio inmediato, pero probablemente valdrá la pena de una manera que no alcanzas a imaginar. Supón que te llegas a interesar en los vinos finos. A medida que lees te encuentras aprendiendo toda clase de cosas acerca de Geografía, Agricultura, Historia, comida, diferentes culturas, Química e incluso Mercadeo. ¿Cuál de todas estas elegirías para explorar a continuación? ¿Qué oportunidad encontrarías ahí?

Recuerda que ya pasaste el punto de ir a la escuela por obligación. El tiempo que inviertes es tiempo que tú decides invertir. Haz que funcione para ti.

**Bono:** si puedes encontrar sólo veinte minutos extra en la mañana y veinte minutos extra en la noche, eso es cerca de cinco horas a la semana que te das a ti mismo. En un año habrás "encontrado tiempo" de casi una semana y media extra. Este es el tiempo que puedes usar para estudiar, pensar, planear y orar.

Te animo a tomar tiempo en tus horas de esparcimiento para pensar con actitud mental positiva. Respecto al pensamiento creativo, recuerdo una historia verídica que te interesará tal como a mí cuando me la contó W. Clement Stone. Cuando Anthony Athanas abrió el restaurante Anthony's Pier 4 en Boston, hace unos ocho años, ¿a quién crees que invitó para la noche de apertura? ¿Al presidente, al gobernador, o a personalidades de televisión, del cine o del teatro? No. Atendió a todos los conductores de taxi de Boston, con su esposa o novia, que lograron asistir. Anthony's Per 4 es uno de los restaurantes más exitosos y rentables de Estados Unidos. Cuando estés en Boston, sube a un taxi, como yo lo he hecho, y pregúntale al conductor, "¿Cuál es el mejor restaurante de la ciudad?" Adivina la respuesta. Anthony es exitoso porque encontró lo que estaba buscando al tomar tiempo para dedicarse a estudiar, pensar y planear.

Usa estas estrategias de planeación:

1. Condiciona tu mente. Si has tenido entrenamiento religioso, encontrarás útil orar pidiendo dirección, porque tu poder supremo descansa en el poder de la oración.

2. Es una buena práctica pensar en términos de ti mismo, miembros de tu familia, tu negocio o vocación, adquisición de bienes, y demás cosas que te interesen. Es deseable tener objetivos específicos y límites de tiempo para alcanzarlos. Puedes tener más de un propósito definido mientras tus objetivos no estén en conflicto entre sí.

3. Hazte algunas preguntas. Escríbelas. Por ejemplo, Anthony Athanas se preguntó para sí mismo: "¿A quién debería invitar en la noche de apertura que sea un instrumento para atraer la mayor cantidad de clientes a Anthony's Per 4?" Ahora, él encontró su respuesta por medio de pensamiento creativo. Considera todas las posibilidades cuando te hagas preguntas. Escríbelas. Toma una decisión como la más deseable. Esto luego deberías ponerlo en tu libro de notas permanente.

4. Es imperativo que planees inspeccionarte o revisarte con frecuencia, preferiblemente a diario. Usa tu libro de notas permanente a diario.

## PALABRAS DE LOS SABIOS

"El tiempo es el elemento más valioso que el hombre puede invertir". **—Laertius Diogenes**

"La diligencia es la madre de la buena suerte, y Dios da todas las cosas a la industria".
**—Benjamin Franklin**

"Nunca sabrás cuánto es suficiente a menos que sepas cuándo es más que suficiente".
**—William Blake**

"Las alturas que alcanzaron y conservaron grandes hombres, no se lograron con vuelos repentinos, sino que ellos, mientras sus compañeros dormían, trabajaban duro en el ascenso durante la noche".
**—Henry Wadsworth Longfellow**

"Un sentido de curiosidad es la escuela original de la educación".
**—Smiley Blanton**

"Nada en la vida es más emocionante y gratificante que la perspectiva repentina que te deja transformado, no sólo transformado, sino transformado para bien".
**—Arthur Gordon**

"Para mí leer fue y es un acto revolucionario. Expande mi mente y me da las herramientas necesarias para la revolución de mi espíritu, la revolución de mi mente y la revolución de la sociedad... Escoge leer, escoge aprender, escoge soñar".
**—Bertice Berry**

# Un hombre que pone en práctica la AMP todos los días

El poder de la AMP es enorme y te lleva a donde quieras ir. Ha ayudado a innumerables personas a pasar de circunstancias ordinarias a posiciones de fortuna, felicidad y éxito.

Uno de los ejemplos más inspiradores de lo que se logra con AMP es W. Clement Stone, un hombre que se ha dedicado a vivir de usar la AMP de todas las maneras posibles. Su vida ofrece una verdadera demostración del impacto que tiene una actitud buena y constructiva. Trabajé con él por cerca de cincuenta años y no sé de alguien que le haya dado mejor uso a la AMP que Stone.

La vida de Stone es un éxito por donde se mire. Ha vivido más de noventa y cinco años, setenta y cinco de ellos casado con la misma mujer, y todo el tiempo acumulando fortuna, disfrutando felicidad y ganando el respeto de sus semejantes. Es el presidente emérito de las Compañías Aseguradoras Aon, una de las más grandes organizaciones en Estados Unidos. Conservadoramente es catalogado como multimillonario y ha dado cientos de millones de dólares más a obras de beneficencia y personas necesitadas.

Autor de tres libros, Stone también ha tenido el placer de compartir sus ideas sobre la AMP con miles de personas que se han enriquecido trabajando con él. Es un incansable defensor del poder de la acción mental positiva. Por sus palabras y obras, le muestra a todos cómo la AMP obra maravillas.

Démosle una mirada a cada uno de los diez pasos que ofrece este libro para desarrollar AMP y veamos cómo W. Clement Stone ha puesto cada una de ellas en práctica. Al examinar su vida, encontrarás más formas de usar el poder de la AMP en la tuya.

## Primer paso: hazte cargo de tu propia mente con convicción

¿Recuerdas el credo que se te pidió adoptar como parte de este paso? Una de sus partes más importantes es ésta:

"Creo que puedo dirigir y controlar mis emociones, estados de ánimo, sentimientos, intelecto, tendencias, actitudes, pasiones y hábitos, con la intención de desarrollar una actitud mental positiva".

Escucha lo que Stone tiene que decir respecto a la idea de poder controlar tu mente:

"Por mucho tiempo he hablado en favor de la selección de los pensamientos y dichos que de inmediato se pueden traer a la mente consciente para enfrentar las influencias negativas que todos encontramos a diario...

Desde que era adolescente, intencionalmente me entrené para neutralizar las sugerencias negativas de otros. Si alguien me decía: 'Eso no se puede hacer', o 'No puedes hacerlo', mi subconsciente de inmediato enviaba un mensaje a mi mente consciente la traducción positiva: '¡Él no puede, pero yo sí puedo¡'. Lo practiqué tan seguido que se convirtió en una respuesta automática e instantánea".

Stone no está exagerando. De hecho, está protagonizando la historia real. Nació en la Chicago de los principios de siglo, perdió a su padre cuando sólo tenía tres años. Su madre trabajaba duro para sostenerse junto con su hijo, pero el dinero era tan escaso que cuando Stone tenía apenas seis años, comenzó a vender periódicos en la esquina de una calle. Los otros niños que vendían periódicos eran adolescentes y sus tácticas eran rudas: golpeaban al chico para alejarlo.

Pero eso no detenía a Stone. Comenzó a entrar a restaurantes y almacenes para encontrar clientes: "Comencé a aprender a cómo superar el miedo por medio de la acción". Esa habilidad para proceder en lugar de temer es la esencia del uso de la AMP: poner al frente los poderes positivos de la mente en lugar de las fuerzas negativas que encuentras a lo largo del camino.

No siempre es fácil enfrentar una experiencia negativa con acciones y pensamientos positivos. Es por eso que Stone usa los automotivadores, esos pensamientos contagiosos que necesitas recordar de inmediato para añadir fuego a tu AMP.

Estos son unos de los automotivadores personales de Stone:

- ¡Hazlo AHORA!
- Tenemos un problema, ¡eso es bueno!

- ¡Apunta alto!

- ¡Con toda adversidad hay una semilla para un beneficio igual o mayor para quienes tienen AMP!

- ¡El éxito lo logran y lo mantienen quienes lo intentan y siguen intentándolo con AMP!

Observa que cada uno de estos automotivadores es enfático. Terminan con un punto de exclamación para que cuando Stone los recuerde, tenga un fuerte efecto mental. Esta es la esencia de lo que quiere decir hacerse cargo de tu propia mente: eliges la clase de actitud por medio de la cual evalúas todo lo que te sucede. Como lo dice Stone:

> "Si existe sólo una característica que diferencia a las personas exitosas de las que están destinadas a una vida de fracaso y derrota, es la actitud mental positiva. Donde una persona negativa ve problemas, alguien con AMP ve oportunidades. Tu futuro es ilimitado si eliges el camino positivo, y cuando desarrolles actitud de ganador, pronto descubrirás que los ingresos y fortuna que acumulas dependen completamente de ti".

## Segundo paso: mantén tu mente en las cosas que deseas y lejos de las que no deseas

Este paso es el resultado lógico del primero: la aplicación puntual de la idea general de AMP. Requiere práctica y atención constante, pero te ofrece un beneficio de dos caras: 1) Te liberas de la preocupación y el temor, y 2) Comienzas a crear las situaciones necesarias para obtener lo que deseas.

## LAS CLAVES DEL PENSAMIENTO POSITIVO

"Desde que nacemos, estamos condicionados a ser negativos", admite Stone. "Repetidamente se nos dice qué no debemos hacer y por qué algo no puede hacerse. Requiere un esfuerzo intencionado, consciente y continuo el mantener las fuerzas negativas bajo control".

Como vendedor por más de noventa años (¡!), Stone sabe de qué está hablando. Cada encuentro que tenía con un cliente potencial traía consigo la posibilidad de que alguien le dijera "¡no!" E incluso el mejor agente de ventas sabe que esto sucede con frecuencia. Pero la clave para enfrentar la potencial decepción no está en quedarse con la posibilidad de que escucharás un "¡no!" En lugar de eso debes concentrar todos tus pensamientos en "¡sí!"

"La pequeña diferencia entre felicidad y éxito, y miseria y fracaso, es si tu actitud es positiva o negativa", decía Stone a menudo. "Tu actitud es una de las pocas cosas en la vida sobre la cual tienes control absoluto y total".

Stone ofrece estos consejos para enfocar tu mente en lo positivo cuando enfrentes una situación en la cual los pensamientos negativos traten de abrumarte:

- **Emociónate.** Concéntrate en el trabajo que tienes por hacer, así como un atleta profesional se concentraría en el juego que tiene por delante, o un actor se concentraría en una parte de la obra. Estás ahí para ganar, date la oportunidad de experimentar algo de la emoción de la victoria con anticipación.

- **Ten seguridad propia.** Ten presente que independientemente de lo que se diga o haga, una "venta" se hará. El cliente potencial te convencerá por qué no desea tu producto o servicio, o tú lo convencerás por qué él sí lo necesita. Enfrenta la situación de "venta" con la seguridad de que te harás cargo del encuentro y que venderás. Si tienes problemas sintiendo confianza propia, comienza actuando como si la tuvieras y el sentimiento de confianza te alcanzará.

- **Alivia la tensión.** Si estás nervioso o asustado, o si estás experimentando dificultades para controlar tus emociones, habla con un tono de voz entusiasta para neutralizar tus emociones. ¡Tus emociones no siempre están sujetas a la razón, pero están sujetas a la acción! Una manera efectiva para hacer esto es sonreír, y recuerda sonreír con tus ojos y también con tu rostro. Ríe y usa el humor para aliviar la tensión. Esto también aliviará la tensión de otras personas al reír y sonreír contigo. Independiente de los sentimientos de otros, tienes el poder de afectar sus relaciones con lo que dices y cómo lo dices, y con lo que haces y cómo lo haces.

Stone siempre ha sido un maestro de esta última técnica. Vistiéndose impecablemente, con una apariencia única, usando el característico bigote hacia arriba, lo cual le da a su boca un indicio de sonrisa permanente. Siempre comienza una reunión, ya sea con su junta de directores o un grupo de representantes de ventas, compartiendo buenas noticias, usualmente una lista de por lo menos cinco cosas. Toma la emoción de todo lo positivo que ha sucedido recientemente y la utiliza para encender su propia motivación, y luego esparce ese fuego hacia todos en la sala. Puede estar ahí para informar sobre algo que no ha salido como lo planeado, o para hablarle a un grupo de personas poco brillantes, pero no importa cuál sea su propósito, comienza enfocando la mente de todos en las cosas buenas que están sucediendo; de esa manera se asegura de que sigan sucediendo.

Otra de las cosas que hace Stone que revela su enorme poder para enfocar su mente es: en todos los años que lo he conocido, como amigo y colega, nunca lo he escuchado recibir ninguna adversidad con una palabra más fuerte que "tonterías". Para un hombre con un imperio multimillonario, que ha recibido su parte de noticias inoportunas que llegan con muchos intereses, este es un asombroso ejemplo de control mental.

Una maldición ocasional se le escapa de los labios casi a todos en algún punto y difícilmente es una señal de desbalance mental. Pero usualmente son pronunciadas en un estallido de ira y frustración y revelan lo poderosas que pueden llegar a ser las actitudes negativas cuando nos sorprenden. El admirable registro de Stone es una muestra del grado al cual están condicionadas sus reacciones mentales para mantenerse positivo en cualquier situación.

Cada vez que enfrentes una adversidad manteniendo el control de tu actitud mental, es como levantar una vez más una pesa. Estás entrenando tu mente para estar en mejor forma y hacer más de lo que ya se haya hecho antes. Como lo dice Stone: "La AMP es un proceso que debe practicarse cada momento del día hasta que saludar cada autoduda con autoconfianza se convierta en un hábito. Así como tus músculos se fortalecen y tienen más resiliencia por medio del ejercicio y el uso constante, así también tu mente".

## Tercer paso: vive la Regla de Oro

Haz a los demás lo que quisieras que hicieran contigo. Probablemente has escuchado esto tan a menudo desde la niñez que tu mente se insensibiliza un poco cuando vuelves a encontrarlo. Si permites que esto pase, te estás haciendo trampa sobre el conocimiento y los beneficios que resultan de una de las ideas más fundamentales detrás de la AMP.

A lo largo de su extensa carrera, Stone ha tratado con miles y miles de agentes de ventas y otras personas que han trabajado para él. En sus relaciones con todos ellos, se dio libremente, sabiendo que lo que le costara en términos de dinero o tiempo, lo recibiría a cambio de alguna manera.

Estaba recién casado y procurando comprar mi primera casa cuando entendí lo generoso que podía ser Stone. Había llenado la aplicación para un préstamo pero me fue negado porque al mes ganaba treinta dólares menos de lo necesario para ser apto para la hipoteca. Bueno, razoné, estaba cerca, y no pasaría mucho tiempo para que estuviera ganando lo suficiente. Pensé que cuando eso sucediera, mi esposa y yo encontraríamos otra casa que nos gustara igual.

Pero se corrió el rumor en la compañía que yo había tenido una adversidad, y me encontré citado a la oficina de Stone. "Mike, ¿es cierto que sólo te faltaban treinta dólares por mes para obtener esa casa?" Me preguntó. Cuando lo admití, me miró con sorpresa, casi ofendido.

"¿Bueno, porque no viniste a mí? Habría estado gustoso de ayudarte". Y justo ahí me dio el aumento que necesitaba para comprar mi primera casa.

Treinta dólares por mes difícilmente era una fortuna para Stone, pero hacían una gran diferencia para mi esposa y yo. Y aunque Stone me había dado ese dinero, se lo retorné trabajando más duro que nunca, quedándome hasta tarde cada noche, y yendo a la oficina los fines de semana para que tuviera la certeza de que apreciaba lo que había hecho por mí.

Esa generosidad instantánea y automática ha sido una marca distintiva en la vida de Stone. De vez en cuando aparece un artículo en el periódico acerca de una familia cuya casa ha sido destruida, o una pareja de afuera que está visitando la ciudad y les han robado el dinero. Unos días después, aparece otro artículo acerca de un misterioso benefactor que ha reemplazado la ropa de la familia o pagado la cuenta de hotel de la pareja y les ha comprado un tiquete de vuelta a casa.

Quienes vimos la mirada de preocupación de Stone al escuchar esas historias, sabíamos que el pequeño niño que había comenzado a trabajar a la edad de seis años usualmente era el misterioso benefactor. Era casi como su pasatiempo. "Entre más ganamos, más tenemos para compartir con otros", escribió una vez. "Me he dado cuenta de algo con certeza y es que las personas verdaderamente exitosas hacen que sea una práctica compartir su fortuna". Han aprendido de la experiencia que cuando te das a ti mismo, cuando haces una buena obra sin ningún deseo de recompensa, te da un maravilloso sentimiento. Y, cuanto más compartes, más te motivas".

Stone no ha aplicado la Regla de Oro únicamente a gestos pequeños. Ha dado bastas cantidades de dinero a muchas instituciones importantes y esfuerzos, incluyendo diversos grupos como The American Indian Center (el Centro Indígena Americano), The Boys and Girls Clubs of America (los Clubes de América para Niños y Niñas), The Chicago Lyric Opera (la Ópera Lírica de Chicago), The Massachusetts Eye and Ear Infirmary (el Hospital de Ojos y Oídos de Massachusetts), The National Conference of Christians and Jews (la Conferencia Nacional de Cristianos y Judíos) y The Salvation Army (el Ejército de Salvación).

Su éxito extraordinario le ha permitido a Stone ser maravillosamente generoso, pero detrás de esa generosidad siempre hay una manera de pensar que una vez le escuché expresar con sencillez. Alguien le preguntó en broma si no temía que algunas de las personas a las que estaba ayudando sólo lo estuvieran utilizando para hacer algo de dinero rápido. Stone sonrió y dijo: "En realidad nunca sé si alguien que viene a mí es sólo un oportunista o alguien enviado por el Buen Señor con una necesidad real. Pero siempre procedo como si hubiera venido porque Dios quisiera que lo ayude. Creo que nunca puedo rehusarme a devolver los favores que he recibido de Él".

Probablemente todavía no estás en posición de ser tan generoso con tu dinero como quisieras. Pero puedes dar de tu tiempo, buena voluntad, y entusiasmo a quienes te los pidan, o incluso a quienes no. Si tratas honorable y justamente a todos los que te encuentras, con confianza podrás esperar que hagan lo mismo cuando traten contigo.

## Cuarto paso: elimina todos los pensamientos negativos por medio de la autoinspección

Todos tenemos pensamientos negativos; es natural en los humanos temer y dudar. Pero en la naturaleza de las personas exitosas está el reconocer esos pensamientos y contrarrestarlos.

El ingreso de Stone al negocio de los seguros, que le dio éxito, no fue fácil. Su madre acababa de comprar una pequeña agencia en Detroit y le dio a su hijo sólo un día para leer la póliza que vendería antes de señalarle a Stone el gran edificio de oficinas al otro lado de la calle donde iba a comenzar a promocionarla.

Ese primer día Stone vendió sólo dos pólizas después de incontables intentos. El segundo vendió cuatro, y al siguiente, seis. Estaba mejorando de manera estable. Pero aún así se veía vacilando cada mañana cuando era hora de entrar al edificio. "No había mejorado el temor a abrir puertas", recuerda:

"Pero, después de pensar, concluí que 'el éxito lo logran quienes lo intentan. Y donde no hay nada que perder al intentarlo, y mucho que ganar si se tiene éxito, inténtalo a toda costa'.

Estos automotivadores satisficieron mi razón. Pero aún así estaba asustado. Era necesario actuar. Entonces me golpeó un gran automotivador: ¡hazlo AHORA!

De esta manera vi que podía forzarme a desarrollar el hábito de ponerme en acción. Al salir de una oficina, correría rápido a la siguiente. Si vacilaba, sólo me repetía a mí mismo, ¡Hazlo AHORA!

Tan pronto ingresaba a un lugar de negocios, todavía no estaba aliviado. Pero pronto aprendí a neutralizar mi temor de hablarle a un extraño usando el control de la voz. Hablaba en voz alta, rápido, pero siempre con una sonrisa en mi voz, y usaba la modulación. Después, supe que esta técnica se basaba en un principio psicológico muy firme, propuesto por el profesor de Harvard, William James: 'Las emociones, como el temor, no siempre son objeto de la razón, pero siempre son sujeto inmediato de la acción. Cuando los pensamientos no neutralizan una emoción indeseable, la acción lo hará'.

Es lo mismo que hice cuando vendía periódicos. Si te pones en acción y sigues intentándolo a pesar del temor, esa emoción negativa con el tiempo será neutralizada.

Superar el temor requiere valor, resistencia y agallas. Todos son hábitos aprendidos de pensamiento y acción. Aunque puedes no reconocerlo, potencialmente ya tienes el valor, la resistencia y las agallas. Porque cuando usas cualquiera de los poderes potenciales que tienes, comienzas a desarrollar los hábitos que se requieren para ponerlos en práctica. Como sabes, la repetición desarrolla un hábito. Y cuando desarrollas el hábito de trazar metas, resistencia, firmeza mental, valor, capacidad de sostenimiento y energía, y persistentemente buscas ventas más grandes, haces ventas más grandes".

Sin duda, el poder de la repetición te ayuda en cualquier labor que te propongas y que valga la pena. Programa tu mente para superar obstáculos y adversidades y no quedarte con ideas depresivas que se escabullan. Aún así, incluso personas que viven y trabajan en un entorno de AMP, pueden encontrarse expresando pensamientos negativos.

Una de las formas más fáciles como esto puede suceder, es cuando permites que la idea negativa tome la forma de queja acerca de alguien más. Parece como si estuvieras siendo positivo, después de todo, no estás diciendo algo malo acerca de ti. Pero criticar a alguien al degradar sus hábitos de trabajo o cualquier otra cosa acerca de otros, es señal de una actitud mental negativa, y sólo te estás engañando a ti mismo si crees que eso te hace ver mejor.

Como supervisor de una gran fuerza de ventas, Stone a menudo estaba en la posición de escuchar a los empleados hablar el uno del otro. Cuando escuchaba que alguien comenzaba una frase destinada a hacer daño a un compañero de trabajo, o incluso a señalar un problema real, él decía, "¡ALTO! Encuentra cinco cosas buenas para decirme acerca de esta persona y luego decide si tienes algo más que decir".

Esa técnica es poderosa porque nos obliga a mirar primero el lado positivo de las cosas. Casi todas las veces, después de ver y decir esas mejores cinco cosas, las malas noticias parecen sin importancia.

El mismo método funcionará cuando encuentres un pensamiento negativo apareciendo persistentemente en tu mente. Encuentra cinco buenos pensamientos que se apliquen a la misma situación, y descubrirás que probablemente no puedes ni siquiera recordar la queja con la que comenzaste.

## Quinto paso: ¡Sé feliz! ¡Haz felices a otros!

La felicidad es tremendamente contagiosa y atractiva. Si entras a una fiesta y ves dos grupos de personas, uno riendo y sonriendo, y el otro callado y con el ceño fruncido, ¿con cuál grupo quieres estar?

Si haces el esfuerzo de ser feliz, la gente que te rodea será feliz. Es un principio simple, pero que muchos olvidan usar. También es fácil ser feliz cuando todo te sale bien, pero es mucho más importante ser feliz cuando no es así.

Una de las historias favoritas de Stone es acerca de una mujer conocida como la abuela Nedrow. Ella perdió la vista ya anciana y al comienzo estuvo muy amargada. Pero aprovechó su AMP innata y tomó la decisión de aceptar la limitación física y cambiar lo único que podía cambiar: su actitud.

Una de las nietas de la abuela Nedrow le dijo a Stone: "Mi abuela me animaba a darle gracias a Dios cada noche por lo bueno que me había pasado durante el día, y en la mañana, al despertar, darle gracias por todas lo positivo en mi vida. De esa manera, comenzaba cada día con un sentimiento de bienestar y contentamiento porque en lugar de preocuparme por lo que no podía cambiar, activamente pensaba en lo que no quería cambiar: lo que amaba, gente que me amaba, buena fortuna que había tenido. En breve, sin saber qué era la AMP, mi abuela me enseñó a comenzar cada día con una actitud mental positiva".

Stone conoce cómo la felicidad o infelicidad personal puede afectar cada detalle de la vida de una persona. Él cuenta lo siguiente:

"Usé la historia de la abuela Nedrow para ayudar a un exitoso joven gerente de ventas a resolver su problema. No estaba ciego ni mal de salud, y estaba teniendo muy buenos ingresos. La mayoría de personas asumiría que tenía todo lo que alguien quisiera tener en la vida. ¡Así era! Pero su problema era que vivía infeliz sin saber en realidad por qué.

Después de una larga conversación con él, fue fácil determinar que su infelicidad había surgido por el antagonismo que creaba en otros. Como gerente de ventas era sensible a la posible reacción de sus clientes potenciales. Los atraía. Pero socialmente y con quienes trabajaban para él, era insensible. Siempre parecía sorprenderse con las reacciones adversas que recibía cuando discutía con otros de manera agresiva e irracional. Eso no les gustaba a los demás. Él los repelía.

Le relaté la historia de la abuela Nedrow para ilustrar cómo podía cambiar su vida si cambiaba su actitud. Le dije: '¡Eres muy buen vendedor! Sólo piensa en cómo podrías atraer la buena voluntad de tus compañeros de trabajo y tus contactos sociales si cambiaras tu actitud hacia ellos de negativa a positiva, si fueras más cuidadoso respecto a lo que dices y cómo lo dices'.

Al comienzo estuvo a la defensiva, una reacción de esperar en alguien insensible a otros, pero estaba más interesado en resolver el problema que en defender su comportamiento. Honestamente quería ayudarse. Preguntó: '¿Qué me recomienda?'

'Usa la autosugestión', le dije. 'Repite cincuenta veces en la mañana y cincuenta veces en la noche por una semana o por diez días, concentrado y sintiéndolo:

- Haz a los demás lo que quisieras que hicieran contigo.

- No digas o hagas a otros lo que no quisieras que te dijeran o hicieran.

"Eres lo suficientemente inteligente para venderte diciendo lo correcto en el momento correcto, al ser más considerado con los sentimientos de los demás".

En poco tiempo empezaron a sucederle cosas asombrosas. Sus colegas, sus empleados y amigos notaron el cambio. Pero más que todo pudo cambiar su vida de negativa a positiva, porque cambió su actitud".

Desde luego, el consejo de Stone puede no haber tenido un efecto tan poderoso si él no hubiera sido una persona sociable y feliz. Pero eso sólo ilustra uno de los mayores beneficios de ser feliz: ganas el poder de influenciar a otros para bien.

## Sexto paso: crea el hábito de la tolerancia

Una actitud mental positiva te da la flexibilidad de llevarte bien y trabajar con otras personas cuyos puntos de vista son diferentes a los tuyos. En nuestra sociedad moderna, no faltan asuntos en los que la gente tenga fuertes desacuerdos, pero eso no quiere decir que no podemos respetarnos los unos a los otros lo suficiente como para encontrar una causa en común cuando los riesgos son mayores, o simplemente tratar de entender qué es lo que radica detrás de nuestras diferencias.

Con frecuencia encontrarás personas cuyas ideas difieren de las tuyas. Si las quitas de tu lista de amigos y aliados, te lastimarás achicando tu mundo. Probablemente la razón más común para la fricción entre personas es que tomamos sus diferencias de opinión como un rechazo a las ideas que apoyamos, y por lo tanto a nosotros.

A Stone le gusta recordar la historia de una persona de ventas joven y muy motivada que llamó al propietario de una tienda de calzado con el propósito de venderle una póliza de seguros. Ella estaba con su gerente de ventas, así

## LAS CLAVES DEL PENSAMIENTO POSITIVO

que el reto era mayor: quería darle una buena impresión a su jefe.

El propietario del almacén no estaba interesado en comprar un seguro, y lo dijo directamente. En un estallido de ira, la vendedora dijo: "¡Nunca vendré a su almacén a comprar un par de zapatos!".

Su reacción era comprensible, pero también indeseable y ciertamente nada productiva. Tan pronto salieron del almacén, su gerente de ventas le mostró que el propietario del almacén le había dado la cortesía de su tiempo, por lo cual ella debía estar agradecida. En lugar de eso, ella había permitido que el rechazo a su producto influyera en su actitud y por consiguiente eso hizo imposible que ella lo volviera a llamar. Sin duda, el propietario del almacén iba a estar mucho más prevenido de acordar una entrevista con cualquier agente de ventas debido a su experiencia.

Este es el efecto mayor que tienen las respuestas intolerantes: hacen que ambas partes pongan muros. Como dice Stone: "Si tus sentimientos son fácilmente lastimados, entonces eres una persona que frecuentemente hiere los sentimientos de otros. Tus propios pensamientos negativos generan una mayor fuerza negativa al cambiar la dirección del pensamiento de otros. Alineas sus pensamientos con tu propia actitud negativa. Si tus sentimientos rara vez son heridos, entonces es una apuesta segura que eres una persona positiva y optimista que tiene un profundo entendimiento de los sentimientos de otros y canalizarás su reacción en la misma dirección".

Stone también recuerda: "Aprendí algo años atrás cuando me sentaba en mi escritorio con un agente de ventas del otro lado enojado por algo, cualquier cosa. Me decía a mí mismo, 'paciencia, paciencia', y no respondía de acuerdo con su enojo. 'Muy pronto hablará lo suficiente para que se le pase el enojo'. Porque entre más hablaban, más se daban cuenta que estaban equivocados. Y cuando se calmaban, podía hablarles con voz tranquila y podíamos resolver el problema. Si alguien más está enfadado, no es bueno que tú también te enojes. Tú quieres controlar la situación".

Stone es un hombre de convicciones fuertes. Ha hecho por mucho tiempo parte activa del partido republicano. Aunque trabaja duro para apoyar las cosas en las que cree, no permite que aparentes diferencias le impidan formar alianzas con gentes con quienes puede encontrar intereses en común. ¿Te sorprende saber que ha apoyado la operación PUSH del reverendo Jessie Jackson? Debería. Stone admiró a Jackson por exhortar a los afroamericanos a trabajar duro y a luchar por la excelencia, y dirigió su fundación privada a proveer gerencia organizacional y expertos en recaudación de fondos para la Operación PUSH.

Esa es exactamente la clase de puente que construye la tolerancia. En lugar de verse como un republicano blanco y conservador, y a Jackson como un demócrata negro y liberal, Stone vio que los dos eran hombres con una misión para inspirar a otros al automejoramiento. Estos dos líderes pueden no estar de acuerdo con más cosas que con las que están de acuerdo, pero muchas personas son mejores porque ellos ignoraron las diferencias y trabajaron juntos.

Si te encuentras tropezando con tus desacuerdos con alguien, mira el ejemplo de la forma como Stone trata con las quejas acerca de otros mencionada anteriormente. Pregúntate cinco cosas buenas acerca de la persona con quien no te estás llevando bien. Luego pregúntate si esas cinco cosas no son suficientes para que encuentren una manera de trabajar juntos para beneficio mutuo. Eso es lo que se necesita para hacer que la tolerancia sea parte de los hábitos de AMP.

## Séptimo paso: hazte sugerencias positivas

Si llegaras a conocer a W. Clement Stone y le dijeras al darle la mano, "¿Cómo está?" Sé exactamente qué respondería:

"ME SIENTO BIEN DE SALUD. ¡ME SIENTO MUY FELIZ! ¡ME SIENTO EXCELENTE!" Y las palabras saldrían con toda la energía y entusiasmo que implican esas letras en mayúscula.

Stone constantemente se está dando sugerencias positivas. Después de una larga vida con AMP, sigue reforzándola todos los días, y cada noche, con cada oportunidad. "Antes de acostarme", dice Stone, "me arrodillo y oro por que logre tener un sueño completamente profundo y me levante en la mañana lleno de vigor, vida y vitalidad, y que si sueño, tenga un hermoso sueño, un sueño que me ayude a avanzar hacia mi meta".

Haciendo eco a Naopleon Hill, Stone nos recuerda: "Lo que la mente puede concebir y creer, lo puede lograr con AMP". Traducimos en realidad física los pensamientos y actitudes que tenemos en la mente. Traducimos pensamientos de pobreza y fracaso a la realidad tan pronto como asumimos pensamientos de riqueza y éxito. Cuando nuestra actitud hacia nosotros mismos es grande y nuestra actitud hacia otros es generosa y llena de misericordia, atraemos grandes porciones generosas de éxito hacia nosotros mismos".

Este es otro punto en el cual los automotivadores juegan un papel importante: van a llegar a tu mente en un momento de necesidad, por ejemplo, cuando desees eliminar o neutralizar el temor, enfrenta los temores con más valor, convierte las desventajas en ventajas, lucha por logros más altos, resuelve serios problemas, o controla tus emociones.

Stone a menudo repite estos automotivadores en voz alta para aumentar su poder, y se asegura que otros puedan oírlos porque quiere esparcir sus efectos. Og Mandino, quien escribió el libro más vendido, *El vendedor más grande del mundo (The Greatest Salesman in the World)*, fue el editor de la revista Success Unlimited, fundada por Stone y Napoleon Hill. Era un escritor entusiasta e inspirador, pero su falta de experiencia en temas de producción causó problemas en un comienzo. En una ocasión, después de un costoso error, Mandino supo que la culpa era suya y fue donde Stone a decirle lo que había sucedido.

"Og, eso es genial", respondió Stone, quien estaba más interesado en el hecho de que él hubiera aprendido una lección importante que en lo que había costado el error. Tenía la seguridad de que Mandino nunca volvería a cometer el mismo error y que estaría mejor preparado para evitar otros errores al entender lo que todavía necesitaba aprender.

Cuando te das una sugerencia positiva frente a una adversidad, estás dando el primer paso hacia entender el poder del automotivador, ¡Con cada adversidad hay una semilla equivalente de mayor beneficio para quienes tienen AMP'! Stone afirma: "Soy muy afortunado porque tengo muchos problemas que otros dicen que no pueden resolverse. Pero por la AMP y manteniendo mi mente en mi meta, soy afortunado porque convierto ese problema en ventaja".

Stone en una ocasión visitó un centro para adolescentes con problemas en el Bronx, donde habló a un grupo de chicas que acababan de terminar un programa de seis meses de entrenamiento para trabajar. Las chicas estaban emocionadas y nerviosas. Ninguna de ellas había tenido un trabajo antes, ni siquiera habían ido a una entrevista.

Stone les contó su propia historia comenzando con la venta de periódicos y cómo la AMP le había ayudado a ser exitoso. Dijo que si las chicas aprendían AMP y la usaban, podrían obtener los empleos que desearan. "Incluso si no obtienes el primer trabajo que buscas, la actitud mental positiva te capacitará para convertir esa decepción en una experiencia positiva", dijo.

"¿Cómo va a ser una experiencia positiva el no obtener un empleo?" preguntó una de las chicas.

"Es una experiencia muy positiva porque habrás pasado por una entrevista de trabajo", respondió Stone. "La próxima vez sabrás qué esperar. Estarás menos nerviosa. Si cometes errores, aprende de ellos. Y la próxima vez, o la siguiente, darás lo mejor de ti y eso será suficiente. Sabrás que si un empleador no te contrata, otro lo hará".

Para cuando Stone dejó el salón, tenía a las chicas gritando entusiasmadamente, "¡Puedo hacerlo!" "¡Hazlo ahora!" y "Me siento bien de salud. ¡Estoy feliz! ¡Me siento excelente!" Y pronto, aunque no siempre en la primera entrevista, cada una de ellas tenía un empleo.

No hay nada falso o trillado acerca de darte a ti mismo sugerencias positivas. Y si no lo haces tú ¿quién lo hará?

## Octavo paso: usa tu poder de la oración

Probablemente has notado que varias de las historias anteriores muestran el uso de la oración, la cual es una expresión muy concentrada en la AMP, una que ofrece muchos beneficios.

Stone a menudo ha alabado una cita de Sir James Mackintosh que describe una actitud importante para tener en tus oraciones: "Está bien estar contento con lo que tenemos, pero nunca con lo que somos".

El contentamiento con lo que tienes no significa que debes dejar de esforzarte por tener mejores opciones. Pero quiere decir que reconoces y estás agradecido por cada logro en tu vida. Reconocer conscientemente todo lo bueno significa que no das nada por hecho. Si con frecuencia das gracias por tu relación conyugal, por tu buena salud o por tus buenos amigos, evitaras descuidarlos y por consiguiente, olvidarlos.

Es por esto que Stone nunca comienza una reunión de negocios, pronuncia un discurso o toma una decisión importante sin hacer una profunda oración. Esta lo conecta con todo lo que es más importante para él. No el hacer dinero, sino las cualidades humanas y la gente que él valora. La oración le ha ayudado a dirigir su empresa y vida personal con los principios positivos que aprecia, para que cuando haya que tomar una decisión, esta siempre esté de acuerdo con las cosas que Stone sabe que importan más.

Muchas de las decisiones aparentemente difíciles que enfrentamos involucran una elección entre dos cosas que estimamos, como una oportunidad de negocio y seguridad financiera inmediata. Si oras con honestidad y reconoces tus principios y tu situación, encontrarás que llegarás a saber si estás listo para dar un paso o que tienes trabajo que hacer antes de tomar un riesgo. Recuerda, una actitud mental positiva no es una perspectiva de vida avanzando ciegamente a toda costa. Como lo ha dicho Stone, "Una actitud mental positiva es el pensamiento, la acción o reacción CORRECTOS ante una determinada situación o circunstancia". Eso quiere decir que a veces hay que esperar a estar listo para dar el paso.

La oración es un medio notablemente efectivo para identificar y comenzar a trabajar en esas áreas de tu vida en las que necesitas hacer cambios. Recuerda las palabras de Mackintosh: "Está bien estar contento con lo que tenemos, pero nunca con lo que somos".

Stone dice: "Sabemos que nunca alcanzaremos la perfección en esta vida, pero también sabemos que sólo esforzándonos por lograrlo, nos acercamos más a la perfección. Sólo quienes llegan a la insatisfecha inspiración, con AMP, pueden cambiar su mundo y el nuestro y hacerlo un mejor lugar para sí mismos y otros".

En otro punto, Stone una vez comentó: "Muchas personas oran para dar gracias, y eso es bueno, pero decidí hace muchos años que no es suficiente. Si realmente estás dándole gracias al Señor, entonces demuéstralo compartiendo tu tiempo, tu experiencia y parte de tu fortuna. Como el granjero, siembra algunas semillas para cosechar".

En otras palabras, es igual de importante proceder de acuerdo con tus oraciones como lo es orar. Si oras por valor, necesitas comportarte como si ya se te hubiera dado. Si oras por una oportunidad, necesitas aferrarte a ella cuando se presente. E igual de importante, deberías mostrar tu agradecimiento por las bendiciones que has recibido al compartirlas con otros.

Stone siempre ha hecho esto, en su generosidad hacia obras de beneficencia y hacia individuos, y con su determinación de compartir AMP con la mayor cantidad de personas posible. Cuando un amigo le prestó una copia del libro de Napoleon Hill *Piense y hágase rico (Think and Grow Rich)*, ya estaba firmemente convencido del poder de una actitud positiva. Stone quedó tan impactado con la presentación de las ideas de Hill en el libro, que de inmediato ordenó una copia para cada uno de sus representantes de ventas.

"¡BINGO!" Recuerda Stone, "le di al premio gordo. Empezaron a suceder cosas fantásticas... Muchos de mis representantes de ventas se convirtieron en súper vendedores. Las ventas y las utilidades aumentaron. Sus actitudes cambiaron de negativas a positivas".

Pero no fue hasta quince años después que Stone encontró una manera para compartir de verdad las bendiciones de la AMP. Un amigo lo invitó a un almuerzo para escuchar hablar a Napoleon Hill. Aunque Hill ya llevaba mucho tiempo retirado, aceptó ir a Chicago y dar una poderosa conferencia. Después del almuerzo, Hill y Stone comenzaron una conversación y Stone urgió a Hill a que saliera de su retiro para seguir hablando y escribiendo acerca de la AMP.

"Lo haré, con una condición", respondió Hill. "Que usted sea mi gerente general".

Así los dos hombres formaron una alianza que duraría otra década, creando películas, cursos de estudio en casa, programas para prisioneros, y juntamente escribieron un libro. Ayudaron a miles de personas a comenzar a usar la AMP.

Esa historia es un ejemplo perfecto de la disposición a mostrar lo agradecido que estás con las bendiciones que reconoces en tus oraciones diarias. Como lo dice Stone:

"Sentí que mis bendiciones estaban mucho más allá de lo que cualquier individuo merecía o podría esperar. Sé que podía orar en agradecimiento, y lo hago. Pero también sentí que podía ayudar a hacer la obra del Señor en la tierra compartiendo esas bendiciones con los menos afortunados".

Hay muchos de nosotros que dan gracias por medio de oraciones en la mañana, en la noche o antes de comer. ¿Qué sucedería si más de nosotros, en lugar de sólo orar, actuáramos compartiendo las bendiciones que hemos recibido, sean nuestra experiencia, conocimiento, ideales o parte de nuestra fortuna?

Todo lo que quiero hacer es cambiar al mundo. Eso es todo. ¿Puede hacerse? Está haciéndose.

## Noveno paso: traza metas

A lo largo de este libro, repetidamente has encontrado la idea de que la AMP no es simplemente una actitud, sino también las acciones que resultan de tu actitud. No hay un paso más importante para hacer que una AMP funcione, que desarrollar metas que perseguir. De otra manera, sería como si hubieras construido un gran y poderoso motor y olvidaras ponerlo en un auto: todo el poder en potencia a tu disposición no te llevará a ningún lugar.

Stone dice: "Una actitud mental positiva combinada con propósitos concretos, la selección de una meta específica, es el punto de inicio para el éxito. Tu mundo cambiará ya sea que elijas o no cambiarlo. Pero tienes el poder de elegir su dirección. Tienes la capacidad de elegir tus propias metas".

Basado en su larga carrera entrenando a personal de ventas, Stone cree:

"Noventa y ocho de cada cien personas insatisfechas con su mundo, no tienen una imagen clara en las mentes de cómo debería ser el mundo para ellos".

¡Piensa en eso! Piensa en la gente que camina sin rumbo por la vida, insatisfecha, luchando contra una gran cantidad de circunstancias pero sin una meta claramente definida. Trazar una meta llega a no ser fácil. Incluso implica un doloroso autoexamen. Pero el esfuerzo vale la pena porque tan pronto escojas una meta, espera disfrutar de muchas ventajas que vendrán casi de forma automática...

Cuando sabes qué es lo que quieres, hay una tendencia en ti a procurar estar en el camino correcto y dirigirte en la dirección correcta. Te pones en "acción", que es la palabra clave, la información y las ideas permanecen inactivas hasta que se les aplique la acción.

Te motivas a pagar el precio para alcanzar tu meta. Presupuestas tu tiempo y tu dinero. Estudias, piensas y planeas con frecuencia, preferiblemente a diario, aprendiendo a reconocer los principios que te ayudarán a lograr tus metas, luego a aplicarlas...

Luego, entre más pienses acerca de tus metas, más entusiasmado estarás. Y con entusiasmo, tu deseo se convierte en una pasión ardiente. Estarás alerta a las oportunidades cuando estas se presenten en tus experiencias diarias. Como sabes lo que deseas, estás más propenso a reconocer estas oportunidades.

Stone ha utilizado el trazar metas a lo largo de tu extenso registro de éxitos. Pero probablemente eso no fue tan importante para él como cuando el fracaso no sólo amenazó su propia empresa sino toda la economía americana.

Cuando golpeó la Gran Depresión, la compañía aseguradora de Stone estaba prosperando. Pero después de pocos años de profundo desempleo, las ventas de pólizas cayeron pronunciadamente. Muchos de sus vendedores simplemente se rindieron porque sintieron que no podían ganar suficiente dinero.

Stone respondió trazándose cuatro metas propias:

1. Obtener el mayor ingreso posible por medio de ventas personales.

2. Seguir contratando nuevo personal de ventas.

3. Entrenar a vendedores nuevos, y a los que ya tenía, para hacer un trabajo igual o mejor que el mismo Stone hacía.

4. Desarrollar un sistema de registro de producción de ventas que le dijera cuántos negocios estaba haciendo su compañía en todo el país.

Estas eran metas ambiciosas, especialmente en un tiempo en el que muchas empresas en Estados Unidos estaban fracasando y la gente se preguntaba si este país algún día vería el tipo de prosperidad que había disfrutado sólo unos pocos años atrás.

Stone contrató a Rand McNally para que creara el sistema de registro de ventas, pero las otras tres metas dependían completamente de él. Así que partió en su auto a viajar por el país, visitando su personal y saliendo a vender con ellos, mostrándoles su método. A medida que viajaba, contrataba vendedores para nuevos territorios y pasaba un día con cada uno de ellos, devolviéndole las comisiones de ese día al nuevo representante a fin de crear entusiasmo y darle un empuje a su AMP.

La empresa de Stone permaneció solvente y comenzó a crecer de nuevo. Él y su equipo estaban obteniendo ingresos mucho mayores que lo que mucha gente apenas estaba logrando para vivir durante la Depresión. Si se hubiera quedado en Chicago, preocupado respecto a sus acreedores y a la pérdida de su personal de ventas, eso nunca habría sucedido.

Te encontrarás trazando metas a corto y a largo plazo. La clave para ambas es seguir con acciones confiadas que las conviertan en realidad. No te menosprecies.

## Décimo paso: estudia, piensa, y planea a diario

W. Clement Stone toma baños, no duchas, las cuales suelen ser más rápidas y las personas adineradas generalmente son ocupadas, pero cada mañana, Stone llena su tina de mármol con agua caliente, se estira y se relaja. "Esta es una buena parte de mi tiempo para pensar", dice.

Impulsado por la AMP y un ardiente deseo de alcanzar tus metas, puedes cometer el error de pensar que siempre debes estar haciendo, haciendo, haciendo. Vale la pena concentrarse en la acción en busca del éxito, pero también debes separar tiempo para esfuerzos más contemplativos.

"Una pequeña gota de tinta hace miles, quizá millones... piensa", escribió Lord Byron en su poema épico Don Juan. Y la inspiración a nuevos pensamientos que vienen de leer y estudiar será importante para que cultives tu AMP, estarás estimulado por nuevas ideas y recordarás otras que has olvidado.

Con los años, Stone siempre ha recomendado entusiastamente a otros, libros que ha leído, no sólo títulos motivadores como *Piense y hágase rico (Think and Grow Rich)*, sino obras de historia, análisis social y ficción. Es evidencia de una mente activa, que está siempre esté tratando de asimilar y relacionar nuevas ideas que pueden ser aplicadas. Eso mantiene en forma una mente flexible.

Permíteme darte un ejemplo de cómo surte efecto. Era un adolescente trabajando como recepcionista en la sala de correo de la oficina de Stone, cuando decidí presentarle una idea. Como pasatiempo, había hecho mucho trabajo grabando películas y audio, y creía que las películas y las cintas de audio de las entusiastas charlas de Stone, serían una herramienta excelente para nuestro personal de ventas en el campo.

A pesar de la mofa de unos compañeros de trabajo que pensaban que estaba arriesgando mi empleo al escribirle al presidente de la compañía, le envié a Stone un memo señalando los beneficios de mi idea. Una hora después que Stone recibiera el memo, me llamó a su oficina. "Fue bueno conocerte Ritt", dijo uno de mis compañeros. "Disfruta la fila del desempleo".

Pero tan pronto su secretaria le dijo que yo estaba en la antesala de su oficina, Stone salió corriendo por la puerta, tomó mi mano y dijo: "¡Gran idea! Cuéntame más." Y esa tarde ya estábamos comprando equipo y creando un nuevo departamento. Las técnicas que usamos se han convertido en lo más común hoy en día, pero fueron revolucionarias entonces, y Stone las acogió con entusiasmo, creo, porque había entrenado su mente a ser flexible y positivo.

En 1979 un W. Clement Stone de setenta y siete años le dijo a un periodista de Chicago Magazine: "Viviré más de los ochenta y siete años, eso es seguro. Es posible extender la vida con AMP". Pudo haber parecido jactancioso entonces, pero ahora, casi veinte años después, fue una afirmación modesta.

Nadie que haya conocido o con quien haya trabajado encarna mejor los principios de una actitud mental positiva como W. Clement Stone. Él ha sido mi inspiración y la de miles y miles más para mejorar nuestra vida. Es un gran hombre, uno que se ha dedicado a ayudar a la gente y ha disfrutado del éxito como consecuencia.

Te he ofrecido estos vistazos a su vida, no como tributo, sino como un medio práctico de mostrarte cómo la AMP de verdad puede ser aplicada en cualquier cosa que hagas y cómo te ayudará enormemente, ya sea que vendas periódicos, enseñes valores morales a tus hijos o administres tu propia empresa.

LAS CLAVES DEL PENSAMIENTO POSITIVO

A dónde vayas con la AMP depende completamente de ti. Pero puedes trazar una meta para ti y lograrla cambiando sólo una cosa en tu vida: tu actitud hacia todos y todo lo que encuentres para bien.

EPÍLOGO

# Ahora, ¿hacia dónde te diriges?

¡Felicitaciones! ¡Lo hiciste! Como has leído este libro sobre la AMP, tus poderes mentales ya comenzaron a obrar en tu favor. Si has estado pensando en términos de tu propia actitud mental positiva y lo que esta puede hacer y hará por ti, ya te sientes mejor contigo mismo. Y otros notarán la diferencia, verás nuevo respeto en el comportamiento de los demás cuando observen que eres alguien que controlas tu propia vida, sentimientos y actitudes.

Algo debió haberte impactado a medida que leías los diez pasos, y es la manera como están integrados. Estos se entrelazan el uno con el otro, tejen una tela llamada AMP. Comienza a usar la AMP todos los días, de todas las formas.

Ahora, ¿hacia dónde te diriges? Hacia una vida con poder y propósito. A una vida llena de la satisfacción y diversión que viene de una actitud mental positiva. ¡*Bon Voyage*!

## LA VIDA CON ACTITUD MENTAL POSITIVA: ES ESTUPENDA

www.ingramcontent.com/pod-product-compliance
Lightning Source LLC
Chambersburg PA
CBHW030521080526
44586CB00011B/282